리더십Leadership,
성균에 길이 있다

리더십Leadership,
성균에 길이 있다

성균리더십출간위원회 지음

사람의무늬

리더의 길을 만드는 '성균(成均)'

하버드대, 옥스퍼드대, 베이징대, 도쿄대…. 세계의 인재들이 다니는 세계적 명문 대학들이다. 이 대학들의 공통점 중 하나는 설립자의 성이나 지역명을 학교 명칭으로 삼은 것이다. 그런데 성균관대는 이와 다르다. 지역도 설립자도 아닌, '성균(成均)' 두 글자에 바람직한 인재상과 리더상이 명시되어 있다. 여기에는 자기를 닦아서 자기다움을 이루고, 세상에 쓰이는 인재가 되어 세상을 바르게 하고 조화롭게 해야 할 사명이 담겨 있다.

유학을 건국이념으로 한 조선은 동서남북 각 대문의 명칭에도 '인의예지'를 넣었을 정도로, 서로의 기쁨과 아픔에 공감하는 따뜻한 나라, 올바르고 공정한 나라, 질서 잡힌 조화로운 나라, 지혜롭고

슬기로운 나라를 꿈꾸었다. 그 중심에 인재가 있었다. 그 인재를 기르는 곳이 바로 성균관이었다.

"완성되지 않은 인재를 이루어주고, 가지런하지 않은 풍속을 고르게 한다"는 의미의 '성균(成均)'은 성균인이 갖춰야 할 품격을 말해준다. 즉 뛰어난 재질과 능력은 갖추었지만 아직 완성되지 못한 스스로를 다듬어서 자신을 닦고[成; 修己], 풍속을 고르고 합당하게 해 다스려지도록 하는[均; 治人] 것이다. 성균인은 자신을 보는 눈을 갖춰 자신과 만남으로써 자신을 완성하고, 그것을 바탕으로 세상과 조화를 이루는 자들이었다. 그들은 함께 숙식하고 공부하면서 자신을 닦고 서로를 성장시켰으며, 함께 고민하고 토론하면서 깊이 사유하고 더불어 사는 세상을 만들고자 했다. 그들의 꿈과 비전이, 그들의 고뇌와 걸음이 역사가 되었기에 역사 속에는 성균 선배들의 삶이 고스란히 묻어 있다. 정암이, 퇴계가, 율곡이, 다산이 그들이었다. 수많은 성균인들이 역사의 굽이에서 위기를 기회로, 굽음을 바름으로 바꾸었다.

최근 세계는 LTE 속도로 변화하면서 불확실과 위험이 증대되고 있다. 예측하기 어려운 위기는 순간순간 우리를 위협하고, 그로 인한 불안과 분노, 스트레스와 우울은 삶을 위협하고 있다. 그러다 보니 타인의 불행에 무덤덤해지고 자기만 괜찮으면 그만이라고 생각한다.

오늘날 우리에게 필요한 리더십은 무엇일까? 리더십은 사회의 각 분야에서 관심의 대상이 되고 있다. 정부나 기업, 조직이나 단체뿐만이 아니다. 학생들의 조별 발표도 리더에 따라 달라지는 만큼 리더십은 중요하다. 그러다 보니 초등학생들을 대상으로 하는 리더십 교육까지 열리고 있다. 하지만 단편적으로 처방하는 리더십 교육은 대롱구멍으로 하늘을 보는[管見] 일시적인 방편이 될 수도 있다. "길을 잃고 헤매는 자는 길을 묻지 않는다[迷者不問路]"는 말처럼, 가야 할 길도 모른 채 친구 따라 강남 가는 길이 될 수도 있다.

성균 리더십은 역사 속에서 이미 검증된 리더십이다. 세계 어느 나라도 5백 년의 역사를 지닌 나라가 없다는 점에서 조선의 역사는 특별나다. 그 중심에 '성균'이 있다. 오랜 역사 속에서 검증된 성균 리더십은 우리의 커다란 자산이다. 이 자산을 바탕으로 성균관대학교 학부대학에서는 진정한 성균인으로 거듭날 수 있는 리더십 모형을 리더십의 차원(dimension) 모델과 핵심역량(core competency) 강화 모델을 통합하여 새롭게 구성해보았다.

두 모델을 종합하여 성균 리더십의 핵심 가치를 수기(修己)+치인(治人)으로 설정하였다. 그리고 현대 리더십의 핵심역량인 지식(Knowledge), 태도(Attitude), 기술(Skill)을 『중용』의 삼덕(三德)인 지(智), 인(仁), 용(勇)으로 환치시켜 지혜[智]와 배려[仁] 및 실천[勇]을 성균 리더십의 3대 핵심역량으로 삼았다. 따라서 1강은 성균 리더십의 핵심 가치인 수기+치인 리더십을 다루었고, 2, 3, 4강은 각각 성균 리더십의 핵심역량인 지혜[智]의 리더십, 배려[仁]의 리더십, 실천[勇]

의 리더십을 다루었다.

　　성균 선배들이 보여준 리더로서의 자질과 인격을 거울삼아, 오늘
날 우리에게 필요한 리더십의 길을 새롭게 만들어보자. 신뢰와 존경
을 바탕으로 사람을 감동시키고 세상을 변화시키는 진정한 리더, 바
로 성균 리더십에 그 길이 있다.

2014년 7월
성균리더십출간위원회

차례

2강 · 지혜[智]의 리더십 53

수기(修己) + 치인(治人)의 성균 리더십

1

....

성균(成均)과 수기 + 치인 리더십

　성균(成均)은 고대 한국과 중국에서 국가의 교육을 담당하는 최고 학부, 즉 지금의 국립대학에 해당하는 교육 기관의 명칭이다. 동양의 고전 문헌들을 살펴보면, 고대의 국립대학은 그 규모나 역할 등에 따라 국학(國學)·태학(太學)·벽옹(辟雍)·반궁(泮宮)·성균(成均) 등 여러 가지 명칭을 가지고 있었다. 그 중에서도 '성균'이라는 학교는 서울에 설치된 5개의 대학 중 남쪽에 위치하면서 음악을 가르치던 곳이다. '성균'이라는 말은 "인재들의 부족하거나 결함된 부분을 이루어주고[成], 지나치거나 모자란 부분을 고르게 해준다[均]"[1]라는 뜻을 함의하고 있다. 음악이 다양한 악기의 화음을 통해 아름다운 소리를 내듯이, 학문과 인격이 조화된 이상적인 인재를 길러낸다는 뜻을 내포하고 있다.

　한국에서도 고려시대 때 국자감(國子監)이라는 국립대학이 처음으로 설치되었고, 그 후 국학(國學)·성균감(成均監) 등으로 그 명칭이 변경되었다가, 공민왕 11년(1362) 이후에는 성균관(成均館)이라는 이름으로 바뀌었다. 조선이 건국한 이후에도 그 명칭이 그대로 이어지다가, 태조 7년(1398)에 현재의 위치에 새롭게 성균관을 세워 조선시대 교육을 주도하였다. 근대 이후에는 1946년 성균관대학교가 설립되어 그 명칭과 전통을 그대로 계승하였으며, 지금까지 한국의 최고(最古) 대학의 역사를 명실상부하게 이어가고 있다.

성균관대학교에서는 성균의 의미를 "완성되지 않은 인재를 이루어주고, 가지런하지 않은 풍속을 고르게 만든다[成人才之未就, 均風俗之不齊.]"라고 규정하고, 학문과 인격의 완성을 바탕으로 사회와 국가를 위해 기여할 수 있는 인재의 양성에 주력하고 있다. 이것은 성균관대학교의 건학이념인 '수기치인(修己治人)'이 지향하는 목표와도 일맥상통한다. '성(成)'은 학생 개개인이 자신의 학문과 인격의 수양을 위해 노력하는 과정, 즉 수기(修己)의 자기완성을 말한다. '균(均)'은 개개인이 갈고 닦은 능력을 자신의 이익이나 성공만을 위해 사용하지 않고, 자신이 속한 집단이나 사회, 나아가 국가와 인류 전체의 발전과 안녕을 위해 헌신하는 과정, 즉 치인(治人)의 사회적 역할을 말한다. 이러한 수기치인은 '안으로는 성인이 되고 밖으로는 왕노릇을 한다[內聖外王]'라는 동양적 리더십의 최종 목표와 같은 의미이다. 개인적 수양을 통해 성인과 같은 인격자가 되는 것이 곧 수기(修己)와 내성(內聖)이며, 그 영역을 밖으로 넓혀 주위 사람들이나 천하의 백성들을 위해 올바른 리더의 역할을 수행하는 것이 곧 치인(治人)과 외왕(外王)이다. 이와 같은 개념들은 성(成)=수기(修己)=내성(內聖), 균(均)=치인(治人)=외왕(外王)이라는 도식으로 정형화할 수 있다. 따라서 다산 정약용이 "군자의 학문이란 자신을 닦는 수신(修身)이 절반이요, 나머지 절반은 백성을 다스리는 목민(牧民)이다"[2]라고 말한 것이 '성균'에 대한 가장 적절한 풀이라고 할 수 있다. '수신'이라는 개인적 조건과 '목민'이라는 사회적 역할이 함께 병행되어야만 '성균'이 지향하는 리더십의 최종 목표가 비로소 완성될 수 있는 것이다.

이상과 같은 '성균'의 도식에 근거하면, 성균 리더십은 수기치인의 리더십이라고 할 수 있는데, 수기와 치인의 불가분성을 강조하기 위해 성균 리더십을 '수기+치인 리더십'이라고 명명하였다. 즉 수기와 치인은 각각 개별 영역에 속하는 활동이지만, 두 가지가 동시에 병행되지 않으면 '성균'이 지향하는 목표를 실현할 수 없기 때문이다. 수기가 밑바탕에 깔려 있지 않은 치인, 치인을 목적으로 삼지 않은 수기는 모두 자신의 이익이나 성공만을 위한 반쪽짜리 공부에 지나지 않는다. 결국 수기와 치인이 '+'라는 불가분의 관계로 결합되어야만 비로소 완전한 형태의 '성균' 리더십이 완성된다. 이상과 같은 개념 풀이를 종합하여 수기+치인의 리더십은 다음과 같이 정의한다. "리더 스스로가 개인의 학문과 인격의 수양에 최선을 다하고, 자신이 속한 조직구성원들과의 공감과 소통에 노력하며, 나아가 자신의 능력과 역량을 사회와 국가, 인류의 평화와 행복을 위해 공헌하는 리더십"이다.

수기＋치인의 리더십의 가장 큰 특징은 동양적 리더십이나 한국형 리더십의 원형을 계승하고 있을 뿐만 아니라, 서구의 현대 리더십 영역까지도 포괄하는 통합적 리더십의 성격을 띤다는 점이다. 최근 서양의 리더십 이론 연구는 크게 두 가지로 구분할 수 있다. 첫째, 리더의 성격이나 능력, 말이나 행위의 특성 등 리더 개인의 역량에 주목하는 셀프리더십(Self-leadership). 둘째, 특정한 상황에 대처하는 리더의 능력이나 조직구성원과의 관계 등 조직 내에서의 역할이나 관계 양상에 주목하는 관계리더십(Relationship-leadership)이 그것이다. 이 중에서 셀프리더십은 바로 성(成)=수기(修己)의 리더십, 관계리더십은 균(均)=치인(治人)의 리더십과 등치될 수 있다. 따라서 수기＋치인 리더십은 셀프리더십과 관계리더십을 통합한 21세기형 최신 리더십이며, 성균 리더는 전통과 현대의 리더십을 종합적으로 갖춘 'the Only, the Best' 리더라고 할 수 있다.

고전 리더십 이론의 발전[3)]

리더십 연구의 출발은 20세기 초반의 조직 연구에서 시작한다. 베버(Weber)가 관료제(bureaucracy)를 이념형으로 제시한 이후, 현대 조직에 대한 기본적인 관점은 합리성이었고, 주요 관심은 효율적인 운영에 집중되었다. 베버의 영향을 받은 테일러(Taylor)의 과학적 관리론(scientific management theory)은 기본적으로 인간을 경제인(economic man)으로 파악하였다. 따라서 근로자들에게는 돈을 더 주면 더 열심히 일할 것이라고 생각하였기 때문에 생산성을 높일 수 있는 작업 조건을 찾는 데 주목하게 된다. 시간동작(time-and-motion) 연구를 통해 불필요한 동작을 제거하는 등 작업장에 대한 과학적 관리방식을 찾기 위해 여러 가지 현장 실험을 진행하기도 했다.

이러한 일련의 실험 과정에서 일부 연구자들은 과학적 관리론과 경제인 관점으로는 이해하기 어려운 상황에 직면하게 된다. 여성근로자들에게 감독을 느슨하게 하는 상사를 배치하자 오히려 생산성이 더 높아지거나, 초과 생산에 대해 보너스가 지급됨에도 불구하고 근로자들이 서로를 견제하면서 생산성을 낮추는 모습 등이 드러난 것이다. 이런 상황에서 메요(Mayo)는 테일러의 주장과는 달리, 인간이 단순한 경제인이 아니라 다른 사람들과의 관계에 매우 민감한 사회적 존재(social being)이며, 매우 복잡한 심리 상태를 가지고 있다는 점을 간파하였다. 1930년대 이후에는 이러한 메요의 인간관계론(Human Relation Theory) 연구에 자극을 받아, 사회심리학과 산업사회학 분야에서 조직 내의 리더십 및 일의 동기(motivation)에 관한 연구가 활성화되었다. 이 연구들은 이후 조직행동론(organization behavior theory: OB)이나 산업심리학(industrial psychology)이 태동하게 된 밑거름이 되었다.

리더십의 개념 정의는 학자와 관점에 따라서 다양하다. 예를 들어 베니스(Bennis)는 '타인을 자신이 원하는 대로 행동하도록 유도하는 과정'으로 정의하였고,[4] 상호작용론의 입장에 기반한 호만스(Homans)는 '상호작용을 발생시키는 행위'로 정의하였다.

실제로 리더십에 관한 연구도 다양한 관심과 측면에서 이루어졌다. 사회심리학적 리더십 이론은 공통적으로 성공적인 리더의 특성과 자질 및 리더십 유형에 초점을 둔 반면에, 보다 사회학적인 시각에서는 조직에서의 리더 기능에 관심을 두고 조직 유형과 리더십 유형의 관계에 초점을 맞춘 연구를 진행하였다. 한편 경영관리적 시각에서는 리더십의 효과성에 초점이 맞추어졌다. 리더십을 좁은 의미에서 파악하는 입장에서는 업무달성과 인간관계 문제 해결 측면에 주목하여 감독(supervision) 기능에 관심을 집중한다. 반면에 리더십을 넓은 의미로 해석하는 입장에서는 조직의 전반적인 관리문제와 관련된 전략과 전술의 차원에 주목하기 때문에 직무만족이나 사기 등과 같은 심리적 측면보다는 조직구성원의 생산성 측면에 더욱 초점을 맞춘다.

1) 사회심리학의 리더십 이론

(1) 레빈(Lewin)의 리더십 유형 분류

초기의 사회심리학적 리더십 연구는 리더의 성향에 따른 유형 분류에서 출발하였다. 대표적인 리더 유형 구분은 레빈에 의해 이루어졌다.[5]

① **권위주의형 리더십:** 권위주의형 리더는 조직구성원을 엄격하게 감독하고, 조직 활동에서의 자율성을 허용하지 않는다. 따라서 이러한 전제형 리더가 주도하는 조직 내에서는 일방적인 의사소통 경로만이 존재하고 이를 통해 명령을 부과하기 때문에 조직 활동에서의 정보유통이 제한되고 사기가 낮아진다.

② **민주형 리더십:** 의사소통이 개방되어 있고 조직구성원에게 권

한을 위임함으로써 그들이 조직 활동을 하는 데 필요한 결정의 재량권을 부여한다. 따라서 조직구성원들의 사기가 높고 창의성을 발휘할 기회가 많다. 그러나 조직구성원들이 업무수행에 요구되는 적절한 능력을 갖고 있지 못한 경우에는 조직성과 달성에 문제가 발생할 수 있다.

③ **자유방임형 리더십:** 조직구성원들에 대해 일체의 간여를 하지 않고 모든 의사결정을 전적으로 그들에게 일임하는 자유방임적인 관리 유형이다. 업무의 적절한 분할이나 조정이 이루어지지 못하고, 경우에 따라서는 리더의 우유부단함으로 말미암아 조직구성원들 간에 갈등이 격화될 가능성이 있다.

(2) 미시간(Michigan) 연구

미시간대학 연구팀에 의해 수행된 리더십 연구에서는 조직목표 달성과 업무수행에 초점을 두면서 생산을 강조하는 업무지향적 리더십과 조직구성원들 간의 응집성과 융화에 초점을 두는 인간지향적 리더십으로 그 유형을 분류하였다.

이 연구에 따르면, 통상 리더는 위의 두 가지 특성을 공유하기는 하지만, 그 중 어느 한 특징을 두드러지게 가지게 된다. 조직구성원에게 업무를 어느 정도 위임하는 것이 리더의 성공적 업무수행에 도움이 되며, 리더가 상위자와 조직구성원 간의 연결고리(link-pin) 역할을 하는 경우가 매우 바람직한 리더십의 요건이 된다고 주장하였다.

(3) 맥그리거(McGregor)의 리더십 연구

맥그리거는 궁극적으로 노동자들의 일반적 성향을 어떻게 인식하느냐에 따라 그에 맞는 적절한 리더십 유형이 대응된다고 지적하면서 X-Y이론을 전개하였다.[6]

① **X형 리더십:** X이론(Theory X)은 노동자들을 이기적이며 수동적인 성향을 특징으로 가지고 있으며, 게으르면서 가능한 일을 회피하고자 하며, 책임감과 동기가 결여되었으며, 자신의 안전과 돈에만 관심을 갖는 존재라고 파악한다. 이러한 노동자들을 감독하면서 성과를 올리기 위해서는 결국 업무지향적 리더십이 필요하다는 주장이다. 이는 과학적 관리론의 입장과 연결된 리더십 유형이다. 지시와 통제를 근간으로 하는 권위주의적 관리방식이 효율적이라고 파악하는 조직관을 반영한 것으로, 맥그리거는 이러한 입장이 적절하지 못하다고 보았다.

② **Y형 리더십:** Y이론(Theory Y)은 노동자들을 일에 적극적이고 일을 통한 자아실현이라는 동기를 가지기 때문에 책임감과 자율성을 지닌 존재라고 파악한다. 만약 어떤 조직에 비효과성이 나타난다면, 그 원인은 조직구성원들이 아니라 적절한 조직상황을 만들지 못한 관리자에게 있다는 것이다. Y이론의 리더십은 결국 민주적 내지는 인간지향적 리더십이 궁극적으로 효율적이며 바람직하다는 것으로 요약된다. 맥그리거는 Y이론에서 도출되는 관리의 기본 원칙을 통합이라고 보았다.

서로 다른 리더십 유형이 조직구성원들에게 미치는 영향이나 생산에 초래하는 결과를 측정하기는 쉽지 않다. 하지만 바람직한 리더십이 조직구성원들의 만족도나 사기 또는 생산성에 긍정적인 영향을 미칠 것이라는 점은 쉽게 인식할 수 있다.

그렇지만 모든 상황에서 최선의 결과를 산출해 내는 바람직한 리더십은 없다. 이러한 입장은 조직의 목표와 과제, 집단의 구조 및 조직구성원들의 능력이나 특성 및 조직이 처한 환경의 특수성에 따라서 성공적인 리더십 유형이 다르다는 상황조건(contingency) 이론이 타당하다는 점을 시사한다.

2) 사회학적 리더십 이론

(1) 에치오니(Etzioni)의 리더십 이론

에치오니는 조직에서 힘을 가지고 있는 사람들을 엘리트(elite)라고 개념화하고, 조직운영에 영향력을 갖고 있는 사람들을 그들이 갖는 힘(power)의 원천이 무엇인가에 따라 관리(official)와 리더(leader)로 크게 구분하였다. 관리는 그 사람이 보유한 힘이 공식 직위에 기반한 경우이며, 리더는 힘의 기반이 그 개인의 인성이나 개인적 특성에 기반한 경우를 의미한다. 에치오니는 리더가 갖는 영향력의 근원이 공식적인 직위에 기반한 것인지, 아니면 비공식적인 것인지의 여부에 따라 〈표 1〉처럼 네 가지 범주를 구성하여 리더십 유형을 구분하였다.

공식 직위로부터의 힘

		있음	없음
개인적 힘	있음	공식적 리더	비공식적 리더
	없음	관리	비엘리트

〈표 1〉 리더의 유형

구조기능주의 학자에 속하는 에치오니는 조직이 네 가지 기능적 문제인 자원 획득, 분배, 통합, 규범적 통합 기능을 해결해야 한다고 주장했다. 여기서 자원 획득과 분배는 도구적 기능에 속하고, 통합과 규범적 통합은 표출적 기능에 해당한다고 보았다. 그런데 에치오니는 앞의 두 가지 도구적 기능은 '관리'에 의해 주로 수행되는 반면에, 뒤의 두 가지 가치와 관련된 표출적 기능은 '리더'에 의해 수행된다고 주장했다(표 2 참조).

	비공식적 리더	공식적 리더	관리
도구적 기능 수행	약함	중간	강함
표출적 기능 수행	강함	중간	약함

〈표 2〉 리더의 유형과 기능 수행

리더십, 성균에 길이 있다

에치오니의 연구는 리더의 인성적 특성의 내용이나 그 분류보다는 사회학적인 입장에서 리더십이 운용되는 사회적 맥락에 주목하여, 조직 유형과 리더십 유형 간의 관계에 더 큰 관심을 둔 대표적인 업적의 하나이다.

(2) 리커트(Likert)의 4체계(system IV) 관리론

리커트는 리더가 조직구성원들을 전혀 믿지 않고 제재를 가하면서 집중화된 권위를 통해 압력을 가하는 체계1의 유형(X이론과 유사)에서부터, Y이론이 가정하듯이 리더가 조직구성원을 전적으로 신뢰하고 의사결정이 분권화되어 위임되어 있는 체계4의 유형까지 리더십에 따른 관리 형태를 네 가지로 구분하였다. 리커트는 이 중에서, 일본 조직의 관리 형태는 규범적 강제가 시행되고 조직구성원들이 충성심을 느끼며 조직목표에 동일시하고 구체적 업무와 관련된 의사결정이 조직구성원의 손에 위임된 체계3의 수준이라고 보았다. 이에 반해 미국의 경우는 체계2의 형태가 보편적이라고 주장했는데, 그는 장기적으로 볼 때 사기 및 생산성을 향상시키는 관리 유형은 체계4의 관리 형태라고 보았다. 미국의 조직관리 리더십 유형이 일본에 뒤진다는 주장을 한 셈이다.

3) 조직관리학적 리더십 이론

경영학이나 행정학 등에서 접근하는 조직관리학적 리더십 연구는 리더십의 효과성에 초점을 맞추어 발전하였다. 조직관리학적 관점의 리더십 이론들은 리더의 특성, 행위, 상황 등에 주목하는 연구들로 순차적으로 진행되었다. 첫 번째로 리더십 특성 이론에서는 리더들이 갖추어야 할 특성에 대한 연구들이 진행되었는데, 대부분 기존에 살았던 위인들(greatmen)을 대상으로 이루어졌다. 이러한 범주의 연구들에서는 위인들이 보통사람들과 대조되는 어떠한 특성들이 존재한다는 데 초점을 두고 그 차이점을 중심으로 연구를 진행했는데, 그 결과 많은 리더들의 특성들을 찾아낼 수 있었다. 대표적인 특성으로는 신체적 특성, 능력적 특성, 성격적 특성, 사회적 특성으로 분류할 수 있다. 신체적 특성에는 외모, 키, 몸무게, 차림새가 포함되고, 능력적 특성으로는 인지능력, 업무관련기술, 판단력, 어휘구사력이 포함되며, 성격 특성으로는 자신감, 정서적 성숙도, 성실성, 인내력, 스트레스 민감도가 포함되고, 사회적 특성으로는 대인관계기술, 설득능력, 협동심, 권력과 성취동기 등이 포함된다.

두 번째로 리더십 행위 이론에서는 기존의 리더십 특성 이론에서 제시되었던 특성들이 실제 리더십 유효성 차원에서 일관된 상관관계가 있지 않다는 점에 초점을 두고, 리더십 유효성 차원에서도 의미 있는 것은 무엇일까에 대한 질문으로부터 연구를 시작하였다. 그 결과 리더들이 특정 행위들을 했을 때 리더십이 효과적으로 조직구성원들에게 영향을 미친다는 점을 알게 되었고, 이를 중심으로 연구 결과들이 제시되었다. 대표적으로 아이오와주립대학파, 오하이오주립대학파, 미시간대학파 등의 연구들이 있으며, 이들 연구에서는 관계중심적인 행위와 과업중심적인 행위들이 리더십 유효성 차원에서 의미가 있다는 사실을 밝혀냈다.

마지막으로 리더십 상황 이론에서는 리더십 특성 이론과 리더십 행위 이론을 통해 제시되었던 다양한 특성과 행위들이 유효할 때가 있고 그렇지 않을 때가 있다는 데 초점을 두었다. 즉 특정 상황에서는 어떤 특성과 행위들이 더욱 유효하게 적용되지만, 또 다른 상황에서는 다른 특성과 행위들이 더욱 유효하게 적용된다는 점에 착안한 것이다. 대표적으로 피들러(Fiedler)의 연구, 하우스(House)의 연구, 브룸(Vroom) 등의 연구, 허시와 블랜차드(Hersey and Blanchard)의 연구가 있으며, 이들 연구에서는 리더에게 있어서 상황의 우호도, 조직구성원들의 특성, 직무의 특성 등이 리더십 발휘에서 고려해야 할 상황으로 제시되었다.

3

현대 리더십의 최근 추세

리더십 개념은 학자들에 따라 다양하게 정의된다. 리더십에 대한 정의가 학자들마다 다르게 인식되는 것은 리더십이라는 개념이 공통성뿐만 아니라 다양성도 함께 포함하고 있기 때문이다. 리더십에는 리더로서 공통적으로 적용될 수 있는 리더의 자질과 덕목, 그리고 행동 스타일이 포함되어 있지만, 리더가 현재 속해 있는 시대적 상황, 조직적 상황, 추종자(조직구성원)들의 구성, 수행해야 할 공동 목표의 속성 등에 있어서 차이가 존재함에 따라 그 리더가 처해 있는 상황적 차이점이라는 다양성이 존재하게 된다. 이러한 점들을 고려할 때, 리더십 개념을 정의하기는 쉽지 않지만, 현재까지 연구된 리더십 개념들 중에서 가장 널리 수용되고 있는 개념으로는 로크(Locke) 등이 주장했던 "조직의 공통의 목표를 달성하기 위하여 조직구성원들에게 영향력을 행사하는 일련의 과정"이라는 정의를 제

시할 수 있다.[7]

최근 리더십 이론들에서는 기존의 이론들을 기반으로 해서 더욱 구체성을 띤 여러 가지 이론들이 제시되고 있다. 현대적 리더십에 포함되는 대표적인 리더십 이론으로는 변혁적 리더십, 거래적 리더십, 카리스마적 리더십, 서번트 리더십, 수퍼 리더십, 전략적 리더십, 리더-구성원 간 교환관계이론(leader-member exchange; LMX), 윤리적 리더십, 감성 리더십, 임파워링 리더십 등이 포함된다. 각각의 리더십 이론을 간략하게 살펴보면 다음과 같다.

변혁적 리더십과 거래적 리더십은 번즈(Burns)가 제시하였으며, 이후 바스(Bass) 등의 후속 연구를 통해 오늘날 중요한 리더십 이론으로 자리매김하고 있다. 우선 변혁적 리더십은 조직구성원들로 하여금 자신만의 이해관계를 떠나서 조직의 목표를 수행하도록 변화시키는 상징적인 리더의 행동을 강조한다.[8] 현재의 상황에 만족하기보다는 바람직한 미래의 발전적인 모습을 지향하고 지속적인 변화를 꾀한다는 특징을 가진다. 변혁적 리더들은 카리스마를 가지고 있고 비전과 영감을 조직구성원들에게 부여하며, 지속적으로 지적 자극을 시키고 개별적인 배려를 해주는 모습을 보여준다. 또한 자기 자신뿐만 아니라 조직구성원들에 대해서도 확신과 함께 높은 성과 기대를 가진다.

다음으로 거래적 리더십은 리더와 조직구성원들 사이의 상호작용에 초점을 두고 있다.[9] 거래적 리더들은 조직구성원들과 일종의 계약관계를 형성하고, 서로의 기대에 부응을 할 수 있을 때 리더와 조직구성원 간의 관계가 긴밀해진다. 대표적인 거래적 리더들의 특징으로는 조직구성원들에게 동기부여를 하기 위해 상황에 따른 보상을 철저하게 한다는 점과 조직구성원들이 기대에 못 미치고 문제가 심각해질 것이라는 판단이 들 때에만 예외적으로 조직구성원들을 관리한다는 점이다.

카리스마적 리더십은 콩거(Konger)와 카눈고(Kanungo), 그리고 왈드만(Waldman) 등의 학자들을 중심으로 연구가 진행되었다. 이 리더십은 조직구성원들에게 호감을 줄 수 있는 속성, 즉 카리스마를 지닌 리더의 행동들을 바탕으로 형성되는 리더와 조직구성원 간의 관계로 정의할 수 있다.[10] 카리스마적 리더들이 조직구성원들에게 호감을 줄 수 있는 리더의 행동으로는 비전과 미션의 제시, 결단적인 모습, 높은 성과 기대치 제시, 리더에 대한 확신 심어주기, 리더와 함께 있는 동안에 좋은 느낌을 갖도록 해주기, 강한 존경심 유발 등이 포함된다.[11]

서번트 리더십은 그린리프(Greenleaf)가 주장한 리더십 이론으로, 다른 사람과 조직을 위한 봉사, 그리고 솔선수범하는 리더의 모습에 초점을 맞추고 있다.[12] 서번트 리더들은 조직구성원들이 자신들의 역할을 성공적으로 하도록 도움을 제공하는 헌신자로서의 역할을 수행한다. 이를 위해 조직구성원들에 대한 경청과 공감, 감정적 치유, 자신에 대한 정확한 인식, 통제보다는 설득을 통한 조직구성원 인도, 폭넓은 지식과 시각을 갖추는 개념화, 미래에 대한 예견력, 스튜어드십, 조직구성원 성장을 위한 지속적인 노력, 공동체 형성 등

에 초점을 둔다.[13]

수퍼 리더십 이론은 권한과 책임 위임을 통해 조직구성원들이 셀프리더십을 발휘하게 함으로써 그들이 주인의식을 갖거나 동기부여가 되도록 해주는 리더 스타일을 강조한다.[14] 대표적인 학자로는 심스(Sims)와 만즈(Mans) 등을 들 수 있다. 수퍼 리더들은 조직구성원들로 하여금 자기관리 기술을 터득하고 개발할 수 있게 함으로써 스스로 자기완성을 할 수 있도록 기회를 제공해준다. 또한 조직구성원들이 내적 동기를 충만하게 하고, 자기 스스로 자신을 조절하고 통제할 수 있는 능력을 제고시키기 위해 노력한다.

전략적 리더십은 타인에게 미래를 예견하거나 비전을 만들고, 기업조직에 유연성을 유지시키거나 전략적 변화가 가능하도록 하는 것을 강조한다.[15] 전략적 리더십은 다른 리더십 이론들과는 달리, 전략적 의사결정을 할 수 있는 지위에 놓여 있는 최상위층의 리더들을 대상으로 삼는다. 아일랜드(Ireland)와 히트(Hitt)는 전략적 리더가 갖추어야 할 요건으로 조직의 비전과 전략적 방향의 제시, 핵심역량 개발과 유지, 인적자본 개발, 유효한 기업문화의 유지, 윤리경영 강조, 전략적 통제의 확립을 제시하였다.

리더-구성원 간 교환관계이론은 그라엔(Graen) 등의 학자들을 중심으로 연구되었는데, 이들은 기존의 리더십 이론 관점에서 리더와 구성원들 간의 관계는 동일하다고 전제하고 있는 점에 이의를 제기하였다.[16] 즉 리더는 여러 명의 구성원들이 있는 경우 어떤 구성원은 더 신뢰하고 긴밀한 관계를 유지하지만, 또 다른 어떤 구성원과는 긴밀하지 않은 공식적인 관계만을 유지한다는 것이다. 좀 더 구체적으로 설명하면, 리더는 인그룹(ingroup)과 아웃그룹(outgroup)을 두게 되는데, 인그룹에 속한 구성원들과는 서로 공동운명체로 생각하고 존중하며 신뢰하면서 매우 가까운 관계를 유지하는 반면, 아웃그룹에 속한 구성원들과는 서로 간의 신뢰가 부족하고 형식적이며 최소한의 공식적인 관계만을 유지한다는 것이다. 최근 연구결과들은 리더가 자신이 이끄는 구성원들로 하여금 인그룹으로 인식할 수 있도록 하면, 구성원들의 리더에 대한 충성심과 조직에 대한 몰입도 증가 및 성과의 제고를 이룰 수 있음을 보여줌으로써 리더와 구성원 간의 관계의 긴밀성이 중요하다는 것을 보여주었다.

윤리적 리더십은 트레비노(Treviño)와 브라운(Brown) 등의 학자들에 의해 주장되었으며, 최근 윤리경영의 중요성이 대두됨과 동시에 더욱 큰 관심을 받고 있다. 윤리적 리더십은 개인의 행위와 대인관계에서 규범적으로 적절한 행동을 하고, 커뮤니케이션과 의사결정을 통하여 조직구성원들에게 규범적인 행동을 장려하는 리더십으로 정의할 수 있다.[17] 윤리적 리더들은 우선 자기 자신이 지켜야 할 규범과 원칙들을 분명하게 지키고, 자신을 따르는 조직구성원들도 자신과 같이 윤리적으로 행동하도록 이끄는 역할을 수행한다.

감성 리더십은 리더가 감성지능을 갖추고 사람들의 감성을 긍정적으로 이끄는 리더십 스타일을 말한다.[18] 골먼(Goleman)은 리더가 갖추어야 할 덕목으로서 감성지능을 제시하였다. 이러한 감성지능을 갖추기 위해서는 자기인식, 자기관리, 사회적 인식, 관계관리 등이 필요하다고 주장하였다. 구체적으로 자기인식의 범위에는 자신의 감정에 대한 인식, 자신의 역량에 대한 정확한 평가, 그리고 이를 바탕으로 한 자기 자신에 대한 자신감 획득이 포함된다. 자기관리는 자신의 감정 통제와 자신에 대한 솔직함, 그리고 주도성과 낙관적인 태도를 통해 자기 자신에 대해 긍정하는 상태를 유지하는 것을 의미한다. 사회적 인식은 타인에 대한 공감과 조직적 차원의 인식을 포함한 개념이다. 관계관리는 조직구성원들 간의 원만한 관계 유지뿐만 아니라, 그들의 개발, 변화 촉진, 팀워크와 협력관계 유지 등을 포함하는 개념이다.

마지막으로 임파워링 리더십은 조직구성원들과 권한을 공유하고, 조직구성원들의 내적 동기부여 수준을 제고시켜주는 리더의 행위이다.[19] 스리바스타바(Srivastava) 등은 리더십을 수직적인 권력관계가 아닌 수평화된 상호작용관계로 보고, 리더는 권한을 조직구성원들과 공유하고 조직구성원들이 자신들이 맡은 바 소임을 달성할 수 있도록 도와주는 역할을 해야 한다고 주장했다. 임파워링 리더의 구체적인 특성으로는 참여적 의사결정을 통해 조직구성원들이 중요한 이슈에 대해 숙지하고 권한을 행사할 수 있는 기회를 제공해주며, 업무를 추진하는 데 필요한 다양한 경험과 노하우를 숙지할 수 있도록 한다. 또한 솔선수범과 필요한 정보제공 및 코칭을 통해 권한위임된 업무를 성공적으로 진행해나갈 수 있도록 도와주며 개별적으로 배려를 해준다.

이러한 다양한 현대적 리더십 이론들은 '성균'과 '수기치인'의 의미를 두루 포괄하고 있다. 리더가 되기 위해서는 리더로서의 필수적인 자질이나 덕목, 그리고 행동 스타일을 갖추어야 하는데, 이를 위해서는 자기 자신에 대한 이해와 자기수양, 그리고 자기관리가 가장 기본적으로 요구된다. 따라서 '수기'는 리더가 되기 위한 필수 요건이라고 할 수 있다. 또한 리더십은 기본적으로 리더와 조직구성원들 간의 관계를 근간으로 한다. 자기 자신이 리더로서 온전한 상태가 되었다고 해서 곧바로 리더십이 발휘될 수 있는 것이 아니다. 조직구성원들과의 관계를 성공적으로 형성하고, 그들이 공통의 목표에 도달하기 위해 노력하도록 만들 수 있는 능력이 필요하다.

이러한 차원에서 리더십은 조직구성원들을 이해하고 조직구성원들과의 관계를 효과적으로 관리하며, 필요시 조직구성원들을 동기부여시키는 능력, 즉 '치인'의 능력을 필수적으로 갖추어야 한다.

4

성균 리더십의 핵심 가치

1) 성균 리더십의 원칙

'수기+치인'은 개인의 자기완성과 사회적 역할이 조화를 이룬 통섭적 리더의 모습을 상징한다. 성균 리더는 개인의 완성을 기반[修己]으로 사람과의 소통과 공감[治人], 나아가 사회와 인류에 대한 봉사와 공헌[修己+治人]을 최종 목적으로 삼고 있다. 이러한 성균 리더십의 최종 목표는 『대학』에 '삼강령(三綱領)'이라는 개념으로 정립되어 있다.

> "대인의 학문적 도리는 자신의 밝은 덕을 밝히는 데 있고, 백성들을 새롭게 하는 데 있으며, 모든 사람이 지극한 최상의 상태에 도달하는 데 있다."[20]

삼강령은 '자신의 밝은 덕을 밝히는 수신의 단계[明明德]' → '백성을 새롭게 하는 치인의 단계[新民]' → '지극한 최상의 상태에 도달하는 수기+치인의 단계[止於至善]'로 리더십의 대상과 영역이 확장되어 가는 형식으로 구조화되어 있다.

○ 수기(修己): 수신(修身) = 명명덕(明明德) 영역 – Self Leadership

↓

○ 치인(治人): 제가(齊家)·치국(治國) = 신민(新民) 영역 – Relationship Leadership

↓

○ 수기+치인 영역: 평천하(平天下) = 지어지선(止於至善) 영역 – 成均 Leadership

수기+치인 리더십은 개인의 자기완성 단계에서 출발하여, 사회와 인류 전체가 한 단계 높은 도덕과 문화의 상태로 진입하도록 이끄는 단계에서 끝이 난다. 이러한 리더십의 단계별 이행은 리더의 부단한 노력과 그로 인한 조직과 사회의 점진적인 발전을 통해 실현 가능하다. 그 과정에서 리더의 역량은 다양한 형태로 표출되지만, 그 역량을 뒷받침할 수 있는 수기+치인 리더십의 기본 원칙은 반드시 갖추고 있어야 한다. 여기에서는 셀프리더십과 관계리더십에서 갖추어야 할 필수적인 요건을 두 가지의 기본 원칙으로 설정하였다. 첫째는 셀프리더십에서 갖추어야 할 성균 리더십의 개인 원칙. 둘째는 관계리더십에서 갖추어야 할 성균 리더십의 관계 원칙이다.

(1) 성균 리더십의 개인 원칙

① 공평한 기준: 공정함과 올바름의 객관적 기준 – 시중(時中)
② 포용의 마음가짐: 자기 정체성의 확립과 타인 배려의 마음가짐
　　　　　　　　　　– 충서(忠恕)

　첫 번째 공평한 기준, 즉 '시중'은 주어진 상황에 적절하게 대처
할 수 있는 '중용(中庸)'의 원칙을 말한다. 이것은 "편벽되지 않고 치
우치지 않으며, 지나침과 모자람이 없는 변치 않는 이치"[21]를 말한
다. 공평한 기준은 항상 고정불변하는 기준이나 잣대를 말하는 것
이 아니다. 시시각각 변화하는 상황이나 다양한 사건, 만나는 사람
의 상태 등에 맞추어 적절하게 대처하는 것이 바로 '시중'이다. 따라
서 "시중은 단지 어떤 일을 딱 적절하게 잘하는 것을 말한 것일 뿐
이다."[22] 허시와 블랜차드(Hersey and Blanchard)의 상황대응 리더
십Ⅱ 모델(Situational LeadershipⅡ Model; SLⅡ)에서 내건 "위대한 성
공을 위해 차별화된 리더십을 적용하라(Different strokes for different
folks)"라는 슬로건이 이 원칙을 잘 표현한 말이다.[23] 이 원칙을 가지
고 있어야만 리더는 정정당당하게 일을 처리할 수 있고, 조직구성원
들도 리더의 행동이나 판단을 신뢰하고 따르게 된다.
　두 번째 포용의 마음가짐, 즉 '충서'는 조직구성원들과의 관계를
원활하게 할 수 있는 대인관계의 기본 원칙을 말한다. 리더십은 한
마디로 리더와 조직구성원의 만남의 과정에서 필요한 역량이라고

할 수 있다. 따라서 리더가 자신의 정체성을 확립함으로써 자존감을 높이고, 그것을 바탕으로 조직구성원들의 입장에서 말하고 행동하는 배려의 마음가짐을 가지는 것은 리더로서 갖추어야 할 리더십의 필수불가결한 원칙이라고 할 수 있다.

(2) 성균 리더십의 관계 원칙

① **신뢰:** 관계리더십의 성립을 가능하게 하는 근거 – 무신불립(無信不立)

② **소통:** 조직구성원들과의 감성적 공감 – 여민동락(與民同樂)

③ **조화:** 조직 전체의 화합과 통합 – 인화(人和)

관계리더십은 기본적으로 리더에 대한 조직구성원의 신뢰를 전제로 성립된다. 조직구성원들의 신뢰가 없다면, 리더십 자체를 발휘할 수 없을 뿐만 아니라, 조직의 존립마저도 위험하게 만들 수 있기 때문이다. 이런 점에서 공자는 정치에 필요한 세 가지 요소, 즉 경제, 국방, 신뢰 중에서 경제와 국방은 부득이한 경우에 포기할 수도 있지만, 백성들의 신뢰는 국가의 존립과 관련되는 중대한 사안이기 때문에 결코 없어서는 안 되는 필수 조건이라고 강조하였다.[24] 따라서 리더는 반드시 조직구성원들의 신뢰를 확보한 이후에 일을 추진해야 한다. 만약 리더에 대한 신뢰가 없는 상태라면, 리더가 일을 시키면 조직구성원들은 자신들을 괴롭힌다고 여길 것이고, 선의의 충고를 하더라도 자신들을 비방한다고 여길 것이다.[25] 이러한 상태에서는 업무의 추진은 물론, 조직의 정상적인 운영조차 불가능할 것이다.

다음으로 리더가 조직구성원들과 함께 느끼고 호흡하기 위해서는 그들과 감성적 코드를 맞추려는 노력이 필요하다. 맹자는 백성들과 희로애락의 감정을 함께 하는 자만이 진정한 지도자가 될 수 있다고 강조했다. 임금이 좋은 음악을 연주할 때 백성들도 그 음악을 좋아하면서 함께 듣고, 임금이 사냥을 나갈 때 백성들이 임금의 건강을 걱정하는 것은 임금이 평소에 백성들과 감성적으로 소통하려고 노력했기 때문이다.[26] 이처럼 리더가 조직구성원들과의 감성적 공감을 위해 노력한다면, 조직구성원들도 리더를 진정으로 사랑하고 존중하게 될 것이다.

마지막으로 조직구성원들의 다양한 생각이나 요구를 적절하게 조화시키는 노력이 필요하다. 만약 리더가 조직구성원들 사이의 반목이나 갈등 등을 해결하지 않고 그대로 방치한다면, 그것은 일의 실패와 조직의 파괴를 초래하는 중대한 요인이 되기 때문이다. 따라서 맹자는 일을 추진하는 과정에서 물질적 조건과 상황적 조건 등도 중요하지만, 그 일을 수행하는 사람들의 화합이 가장 중요하다고 역설했다.[27] 조직구성원들이 서로 도우면서 협동하지 않는다면, 주변 조건이 아무리 좋더라도 모두 무용지물에 지나지 않기 때문에 리더는 조직구성원들의 화합과 통합을 위해 최선의 노력을 기울여야 한다.

1강: 수기(修己)+치인(治人)의 성균 리더십

2) 성균 리더의 자세

성균 리더가 되기 위해서는 성균 리더십의 원칙과 함께 리더로서의 기본적인 자세를 갖추고 있어야 한다. 그 중에서도 가장 중요한 선결 요건은 '성실함[誠]'이다. 이것은 수기+치인 리더뿐만 아니라 최근의 현대 리더십 이론에서도 강조하는 리더의 핵심 조건이다. 윤리적 리더십에서는 리더와 조직구성원 간의 상호 도덕적인 측면에 주목하는데, 그 중에서도 특히 리더의 윤리적 성실성(integrity)과 신뢰(trustworthiness)를 가장 중요한 요소로 파악한다.[28] 이처럼 윤리적 리더라는 말 속에는 이미 리더의 성실성이 전제되어 있기 때문에 그것을 배제한 채 윤리적 리더십의 구성 요소를 논의하는 것은 사실상 무의미하다고 할 수 있다. 예를 들어 성실성을 갖추지 못한 리더가 '내면화된 도덕적 자각'을 하거나 도덕적인 행동을 했다면, 그 진정성을 믿을 수 있는가? 그것은 거짓된 마음과 가식적인 행위일 가능성이 매우 크다고 할 수 있다. 따라서 동양 및 한국의 리더십에서도 윤리적 성실성을 리더의 핵심 가치와 역량을 다루기 전에 반드시 전제되어야 하는 조건으로 제시한다. '성실함'이 전제 조건으로 갖추어져 있지 않으면, 리더의 어떠한 말이나 행동도 진실성을 담보하기 힘들기 때문이다. '성실함'이라는 개념은 『중용』에서 다음과 같이 풀이한다.

"성실함 자체는 하늘의 이치이고, 성실해지려고 노력하는 것은 인간의 도리이다. … 성실해지려고 노력하는 자는 최선의 방법을 선택하여 올곧게 실천하는 자이다."[29]

　하늘, 즉 자연은 한 치의 오차도 없이 늘 동일한 운행을 반복한다. 그것은 성실함 그 자체이다. 그 운행이 조금이라도 끊어지거나 중단된다면 그것은 성실함이 아니다. 만약 인간이 그와 같은 자연의 성실함을 그대로 따라할 수 있다면, 누구에게나 존경받는 최상의 리더가 될 수 있을 것이다. 그렇지만 인간은 자연처럼 '성실함' 그 자체가 될 수 없기 때문에 '성실해지려고 노력하는' 자세를 요구한다. 성실함은 진실되면서 거짓이 없는 것을 말한다.[30] 성실해지려는 노력은 인간이 활동하는 모든 과정에서 거짓 없이 진실되려고 노력하는 자세이다. 눈앞에 놓인 사태에 대처하는 과정, 즉 생각하고 말하고 행동하는 모든 행위가 곧 인간의 삶이기 때문에 그 삶을 성실하게 살려는 노력을 잠시도 멈추어서는 안 된다.

　그렇다면 성실해지려는 노력은 어떻게 해야 하는가? 눈앞에 놓여진 상황에 적절하게 대처할 수 있는 최선의 방법을 선택해서 올곧게 실천해야 한다. 하지만 그 최선의 방법은 처한 상황마다 다르고 만나는 사람마다 다르다. 이렇게 서로 다른 수많은 변수들을 정확하게 파악하여 거기에 맞는 최선의 방법을 찾는 것은 결코 쉬운 일이 아니다. 따라서 "널리 배우고, 자세하게 물으며, 신중하게 생각하고, 밝게 판단하고, 독실하게 실행하는"[31] 노력이 필요하다. 만약 자신이 남들보다 역량이 미치지 못할 경우에는, 남들보다 백 배, 천 배의 노력을 기울여야만 비로소 남들과 동등한 역량을 발휘할 수 있다.[32] 그만큼 성실함을 실천하는 것은 힘든 과정이다.

이러한 노력은 리더의 인격과 도덕성의 척도가 될 뿐만 아니라, 관계를 맺는 상대방을 감동시켜 신뢰감을 쌓는 토대가 된다. "지극히 성실하면서 남을 감동시키지 못하는 자는 없다. 그러나 성실하지 못하면 남을 감동시킬 수가 없다."[33] 성실하지 못한 사람이 가식과 기만으로 남을 대하면서, 마치 진실인 것처럼 포장하더라도 그것은 밖으로 훤하게 드러난다.

> "소인배는 평소 생활할 때 온갖 나쁜 짓을 다 저지른다. 그러다가 인격자를 만나면 은연중에 자신의 좋지 못한 점을 숨기고, 자신의 좋은 점만을 드러낸다. 그런데 남들이 자기 보기를 마치 배를 갈라서 그 속의 폐와 간을 들여다보듯이 훤하게 보고 있으니, 무슨 소용이 되겠는가? 이것을 일러, 마음속에서 성실하면 외부로 드러난다고 하는 것이다. 따라서 인격자는 자기 혼자만이 알고 있는 상태에서 매우 신중하게 대처한다."[34]

거짓으로 꾸미는 가식은 감추려 해도 훤히 보인다. 마치 배를 갈라서 그 속을 들여다보듯 상대가 나의 속을 다 들여다보고 있다. 따라서 "열 개의 눈이 보고 있고, 열 개의 손이 가리키고 있으니, 이 얼마나 무서운가!"[35]라고 경고한다. 이처럼 리더는 어떤 사태에서든 조심하고 신중하게 대처하는 성실한 자세가 필요하다. 이와 같은 성실함이 바탕이 된 리더라야 조직구성원들을 감동시킬 수 있을 뿐만 아니라, 집단이나 조직의 근본을 확립하고 목표를 실현할 수 있다. 따라서 "오직 천하의 지극한 성실함만이 천하의 큰 법칙을 다스릴 수 있고, 천하의 큰 근본을 세울 수 있다"[36]라고 한 것이다. 이처럼 성실해지려고 노력하는 것은 동양 및 한국의 리더가 자기 자신을 완성하는 출발점이자 리더십의 발휘를 위한 토대가 된다. 나아가 성실성이 바탕에 깔려 있어야만 비로소 리더가 추구하는 핵심 가치와 역량의 진정성이 확보될 수 있다.

5

성균 리더십의 현장

1) 성균 리더십 롤모델:
다산 정약용(丁若鏞, 1762~1836)

다산 정약용에게는 수많은 수식어가 붙는다. 시인이자 저술가요, 철학자이자 실학자이며, 주체적 사상가요 혁명가요 개혁운동가이며, 이상적인 관료이면서 정치가가 그것이다. 그뿐 아니다. 그는 과학과 공학에도 재능을 발휘했다. 수원 화성 건축 당시 설계에 참여했고, 거중기를 고안하여 화성 축조에 도움을 주었으며, 한강에 배와 뗏목을 잇댄 배다리도 만들었다.

또 500여 권의 책을 집필했다. 경집(經集) 232권, 문집 267권 총 499권으로, 182책 503권의 가장본(家藏本) 『여유당집』을 완성했다. 그 가운데 『목민심서』와 『흠흠신서』, 『경세유표』의 이서일표(二書一

表)는 조선 실학사상을 집대성한 저술로 유명하다. 특히 『목민심서』
는 우리나라의 지도자뿐 아니라 베트남의 지도자 호치민(胡志明)이
평생 머리맡에 두고 읽은 책이기도 하다.

　삼미자(三眉子) · 철마산인(鐵馬山人) 등의 호가 있지만 다산(茶山)으
로 널리 알려져 있으며, 당호는 여유당(與猶堂)이다. 노자의 『도덕경』
에 나오는 '여유'는 "머뭇거리기는 겨울 냇물을 건너는 듯이, 망설이
기는 사방이웃을 두려워하듯이"[37]라는 뜻으로, 다산은 '여유'를 삶
의 나침반으로 삼았다. 시호는 문도(文度)이다.

　다산은 새로운 시각으로 유교경전을 해석하여 조선의 지배사상
인 주자학적 세계관에 대한 근본적인 반성을 시도했다. 그와 함께
국가개혁의 목표를 부국강병에 두고 경세치용(經世致用)과 이용후생
(利用厚生)을 중시한 실사구시(實事求是)의 개혁사상을 전개하면서 조
선 실학을 집대성했다. 상업과 국방뿐 아니라 전정(田政)에 의한 토
지개혁을 바탕으로 세제, 군제, 관제에 이르기까지 모든 제도를 고
치고, 쓰는 것을 절약하며 가난에서 벗어나기 위해 기술을 개발하고
도입할 것을 주장했다. 그 중심에 애민사상(愛民思想)이 있었다. 신분
적 차별과 빈부의 차이가 없는 평등한 세상, 모두가 양반이기에 양
반이 없는 세상[38]이 다산이 바란 세상이며 백성들이었다. 이 때문
에 목민관은 백성을 위해 존재하고 일해야 한다.[39] 무엇보다 백성
을 살리는 것이 나라의 근본이기에 자신을 다스리는 율기(律己), 공
을 받드는 봉공(奉公), 백성을 사랑하는 애민(愛民)을 목민관이 갖춰
야 할 벼리로 삼았다.

다산은 1783년에 세자 책봉 경축 증광시에 합격하여 생원이 되었고, 22세에 진사가 되어 성균관에 들어갔다. 조선의 르네상스를 이룩한 호학의 군주인 정조의 총애를 받았던 다산은 정조 13년인 1789년에 대과에 급제하여 관직에 진출했다. 1794년에는 성균관에서 후배들을 양성했으며, 그해 10월에는 경기도 암행어사로 연천·삭녕 등을 순찰하면서 관리들의 부패와 민중의 어려운 삶을 직접 목격했다. 그것은 이후 곡산부사에 부임하기 전 일어난 이계심의 난에 결정적으로 영향을 미쳤다. 다산은 그 난을 진압하기 위해 곡산에 부임했는데, 이계심은 민중의 생존을 위협하는 10가지 조항을 가지고 다산을 찾아왔다. 다산은 이계심을 처벌하기보다는 백성들을 권위와 법으로 억누르는 관리들의 부패를 맹렬히 비난했다. 1799년에 형조참의에 제수되지만 곧 탄핵을 받고는 〈자명소(自明疏)〉를 올리고 사퇴했다.

1800년 갑작스레 정조가 승하하자 이듬해 정월, 대왕대비인 정순왕후에 의해 천주교 탄압이 시작됐다. 신유박해였다. 당시 다산은 천주교 신자인 정약전·정약종 두 형과 함께 연루되었는데, 정약종은 참수당하고 정약전과 다산은 유배를 가게 되었다. 경상도 장기와 전라도 강진에서의 유배생활은 18년이나 이어졌다. 절망과 분노의 세월이었음에도 다산은 스스로를 위로하고 수신과 성실로 학문과 저술에 몰두하였다.

위당 정인보는 다산이 조선에 미친 영향에 대해 이렇게 말했다. "선생 1인에 대한 연구는 곧 조선사의 연구요, 조선 근세사상의 연구요, 조선 심혼(心魂, 마음)의 명예(明銳, 밝고 예리함) 내지 전 조선 성쇠존망에 대한 연구이다."

관리들의 부패와 백성들의 어려움을 직접 목도했기에 다산은 백성들의 절박하고 피폐한 삶을 개선하기 위해서 먼저 군자가 수신할 것을 강조했다. "군자의 학문은 자신을 닦는 수신이 절반이요, 나머지 절반이 목민"이라는 것이다. 즉 리더가 자신을 닦을 때 그 마음을 넓혀 백성을 기를 수 있다고 본 것이다. 이를 위해 누구보다 성실하고 솔선수범해야 한다.

다산은 유학의 이상적 리더인 요순을 가장 성실하고 정밀한 리더로 꼽았다. 요순은 누구보다 성실하게 백성들의 삶을 살피고 그들의 필요를 미리 해결해준 성왕(聖王)이었다. 그 때문에 신하들도 제 역할을 할 수 있었다. 인위적인 다스림이 없었음에도 다스려지는 '무위이치(無爲而治)'를 행하고, 공손히 자신을 바르게 하고 남쪽을 향해 앉아 임금자리를 지킬 수 있었던 것[40]도 그 때문이다. 다산은 '치(治)'를 '다스림'이 아닌 '인간의 도리와 책임을 다하는 것'[41]으로 보았다. 즉 제대로 된 통치는 먼저 자신을 닦는 수기(修己)를 통해 백성을 자신처럼 여기는 치인(治人)일 때 가능한 것이다. 그 중심에는 적재적소의 인재등용이 있다. 자리에 합당한 사람을 알아보고[知人], 그들을 등용할 때[用人] 사람을 얻을 수 있고[得人], 그로 인해 백성들은 편안[安人]하다.

이는 백성을 헤아리고 돌보며 품는 마음만으로는 안 된다. 직무에 밝아야 한다. 이 때문에 다산은 "부임할 때 한 수레의 책을 싣고 가라."[42]고 하였다. 늘 부지런히 연구하고 배울 것을 강조한 것이다. 그럴 때 제대로 된 통치를 할 수 있으며 백성들이 제 역할을 하는 세상이 된다. 이것이 수신의 리더가 만드는 세상이다. 즉 리더의 수신은 백성에 대한 마음씀씀이로 드러나기에 백성들이 교화되는 놀라운 변화가 일어난다.

다시 말해 '수신'이라는 인격적 조건과 '목민'이라는 사회적 역할이 함께 실현될 때 어떠한 시련과 방해에도 흔들리지 않는 실천적이고 진정성 있는 리더가 될 수 있다. 이것이 왕도(王道)의 세상을 만드는 힘이다. 다산이 공자의 충서(忠恕)와 효제(孝悌) 사상에 자애로움[慈]을 더하여 아랫사람뿐 아니라 윗사람의 의무를 확고히 한 것도 이 때문이다. 공자와 맹자로 돌아가 백성을 근본으로 하는 유학의 본래 모습을 회복하고자 한 것이다. 윗물이 맑아져서 아랫물이 깨끗해지고 모두가 제 역할 하는 세상! 200년 전 스승이며 선배인 다산이 꿈꾼 세상이요, 오늘 우리가 이루어야 할 세상이다.

2) 성균 리더의 멘토링:
심산 김창숙(金昌淑, 1879~1962)

"성인의 글을 읽고도 성인이 세상을 구제한 뜻을 깨닫지 못한다면 그는 가짜 선비이다. 지금 우리는 무엇보다 먼저 이따위 가짜 선비들을 제거해야만 비로소 치국평천하의 도를 논하는 데 참여할 수가 있을 것이다."[43]

이 시대의 마지막 선비이자 실천하는 지성인이었던 심산 김창숙! 그는 불의와 타협하지 않는 선비정신을 지킨 이 시대의 지성이었다. 그는 가짜 선비를 제거하고 치국평천하를 이루고자 평생을 바쳤다.

경북 성주에서 태어난 김창숙의 자는 문좌(文佐)이며 호는 직강(直岡)·심산(心山)·벽옹(躄翁)이다. 벽옹은 앉은뱅이 노인이라는 뜻으로, 일제강점기 때 고문으로 평생 다리를 쓰지 못하는 앉은뱅이임을 나타내는 호다. 그와 함께 김우(金愚)라는 이름을 사용하기도 했다. 영남의 문벌 사족인 의성 김씨의 명문가에서 태어난 그는 편안한 삶을 살 수도 있었다. 하지만 그는 시대의 불행을 외면하고 지위와 명망에 안주하는 편안한 삶을 선택하지 않았다. 한일합방이 되자 통곡했던 그는 불행한 시대, 힘없는 나라에서 태어났기에 나라를 구하기 위한 투쟁과 희생의 삶을 선택했고, 그것은 광복 후까지 이어졌다.

일찍이 유학에 조예가 깊었던 심산은 일제강점기 때 유림 대표로 독립운동을 주관했다. 1919년 3·1운동이 일어나자 유림 대표들이 서명한 파리 만국평화회의에 보내는 독립진정서를 가지고 상하이로 건너가 우송한 후 임시정부에 참여하여 임시정부 부의장으로 활동했다. 광복 이후에는 남조선 대한국민대표 민주의원을 역임하고 유도회(儒道會)를 조직하여 유도회 회장 겸 성균관 관장을 역임했다. 그후 1946년에 성균관대학교를 설립하여 초대 학장에 취임했다. 1953년 2월에는 전국의 향교를 규합해 성균관대학교의 종합대학 승격을 인가받고 초대 총장에 취임했다.

광복 후 혼란한 세상에서 심산이 역점을 둔 것은 교육이었다. 심산은 유교이념에 입각한 교육을 실시할 것을 마음먹고 성균관대학교를 설립했다. 하지만 이승만 정권이 남한 단독 정부를 수립하려 하자 민족의 분열을 걱정하여 백범 김구와 함께 남한 단독 선거를 반대했고, 나아가 이승만 정권의 부패와 독재에 정면으로 맞서 투쟁했다. 1951년에는 이승만 대통령에게 하야 경고문을 보냈다가 체포되어 40일간 수감 후 풀려났으며, 그해 5월에는 제2대 부통령 선거에서 부통령 후보자로 출마하여 낙선했다. 이승만 퇴진 후인 1960년에는 대통령 후보자로 지명되어 출마하기도 했다.

심산은 유학의 전통적 정신과 규범을 생활신조로 실천적 삶을 살았기에 일제강점기에는 민족의 독립을 위해 일생을 바쳤고, 광복 후에는 민족의 분열을 막기 위해 삶을 바쳤다. 이것은 유학의 대의명분론(大義名分論)에 입각한 것이다. 대의명분이란 사람으로서 마땅히 지켜야 할 도리와 본분이다. 이는 지상의 원칙이며 도덕률로, 어떠한 양보도 방편(方便)도 있을 수 없으며 오로지 의에 따라 행동함을 말한다. 이는 맹자가 양혜왕을 만났을 때를 떠올린다. 양혜왕은 먼 길을 온 맹자에게 가장 먼저 다음과 같은 질문을 던진다. "어르신께서 먼 길을 마다하지 않고 찾아오셨으니, 어떻게 우리나라를 이롭게 하시겠습니까?" 그 말에 맹자는 이와 같이 말한다. "왕께서는 하필 이로움을 말씀하십니까? 오로지 인(仁)과 의(義)가 있을 뿐입니다."[44] 그렇다. 대의명분이란 때와 상황에 따라 변칙을 쓰는 것이 아닌 오로지 의를 따르는 것이다. 드라마《정도전》에서 옥중의 삼봉에게 정몽주가 한 말 또한 그러하다. "여지껏 단 한 번도 힘이 있어서 싸운 적이 없었네. 내가 믿는 것은 오로지 대의! 내게 힘이란 게 있었다면 그것은 대의네." 심산 또한 이 대의명분을 따랐다. 일제강점기에는 일본과 타협할 수 없었으며, 광복 후에는 민족과 국토가 두 개의 정권으로 분열해서는 안 된다는 것이다.

이처럼 유학에서 중히 여기는 것이 대의였다. 그것이 유학자들의 정신적 토양이 되었기에 권력과 힘이 아닌 올바름을 삶의 밑거름으로 삼았다. 행동하는 유학자인 남명 조식이 그랬고, 면암 최익현이 그랬다. 그들은 잘못된 권력을 매섭게 비판했고, 왕조차 무시할 수 없는 힘이 되었다.

심산은 이러한 선배들의 뒤를 이었다. 그를 이 시대의 마지막 선비, 행동하는 지성인이라고 높이는 이유이다. 또한 견리사의(見利思義), "이로움을 보면 의로운지를 생각하라"는 공자의 말씀을 원칙으로 삼아 자신의 길을 걸었다. 이를 통해 변화라는 거센 바람 앞에 흔들리고 꺼져가는 촛불 같은 유학의 정신을 되살려 사람답게 사는 세상을 만들고자 했다. 그것을 위해 성균관대학교를 세웠고 잃어버린 조선의 꿈을 살리고자 했다. 즉 성균관대학교는 심산의 꿈과 민족의 꿈이 담긴 지성의 산실이다. 성균관의 인재들이 자신을 닦아서 세상을 이끄는 수기치인의 리더가 될 때 심산의 꿈은 현실이 되어 민족과 세상을 변화시킬 수 있을 것이다.

영화 〈역린〉에는 『중용』 23장의 구절이 나온다.

"작은 일도 무시하지 않고 최선을 다해야 한다. 작은 일에도 최선을 다하면 성실하게 된다. 성실하게 되면 겉에 배어 나오고, 겉에 배어 나오면 겉으로 드러나고, 겉으로 드러나면 이내 밝아지고, 밝아지면 남을 감동시키고, 남을 감동시키면 이내 변하게 되고, 변하면 생육된다. 그러니 오직 세상에서 지극히 성실한 사람만이 나와 세상을 변하게 할 수 있는 것이다."[45)]

시대의 질곡을 살았던 심산이 이 시대에도 힘을 발휘하는 것은 작은 일에도 최선을 다한 삶을 살았기 때문이다. 횃불을 높이 쳐든 심산을 따라 이제 우리들이 시대를 밝히는 빛이 되어야 할 것이다.

2강

지혜[智]의 리더십

智

1

성균 리더의 지혜, 인간 삶의 통찰력

"군자는 전문적이고 기능적인 역량만을 발휘하는 존재가 아니다."

[君子不器] – 『논어』

오늘날은 지식과잉의 세상이다. 강의실뿐 아니라 거리에서도 손가락만 까딱하면 한순간에 구할 수 있는 지식과 정보가 필요 이상 넘치고 있다. 그러다 보니 발품 팔아 어렵게 구하여 자신의 것으로 만들기보다는 간단하게 얻고 쉽게 잊는다. 지식은 더 이상 지식이 아닌 소모품이 되어버렸다. 그렇다면 성균인이 지향해야 하는 지식은 어떤 것일까? 책이나 컴퓨터에 내장된 지식을 뛰어넘어 삶의 현장에서 발휘되는 지혜로 확장하는 것, 이것이 바로 성균 리더가 추구해야 하는 진정한 앎의 의미이다.

공자는 진정한 리더는 전문적인 지식만 갖춘 존재가 아니라고 하였다. 군자불기(君子不器)가 그것이다. 군자불기는 "과거의 축적된 경험을 철저하게 이해하고, 새로운 신지식을 연구하면 진정한 리더가 될 수 있다"[1]라는 『논어』의 말과도 상통한다. 따라서 리더는 먼저 지난날에 온축된 지식과 지혜를 익혀서 자신의 것으로 소화하는 온고(溫故)와 법고(法古)를 이루어야 한다. 온고와 법고는 넓은 지식과 정보의 바다이기도 하지만 이 시대에 합당한 지혜를 창출하는 보고(寶庫)이다. 이것을 바탕으로 삼아 지신(知新)과 창신(創新)을 이룰 수 있다. 즉 지신과 창신은 온고와 법고를 통해 이루어지는 창조의 힘이다. 그 때문에 선현들은 먼저 지식의 축적에 집중했고, 지식을 넘어 지혜를 갖춘 지혜인이 되어 앎을 삶과 일치시키려고 노력했다. 그것은 자신뿐 아니라 주변을 변화시키고, 나아가 세상을 바꾸는 원동력이 되었다. 그러한 인물이 군자(君子)이다. 군자는 전문적이고 기능적 역량만을 발휘하는 존재(specialist)가 아닌 융·복합적 종합지식을 통괄하고 실천하는 인재이다.

리더십의 측면에서 보면, 리더로서의 군자는 단지 한 방면에만 해박한 전문가나 기술자에 머물러서는 안 된다. 스티브 잡스가 "애플은 기술과 인문학의 교차점에 서 있다"라고 말한 것처럼, 거대한 기업이나 조직을 움직이는 힘은 단순한 기술이나 전문적 능력이 아니라, 집단 전체를 파악할 수 있는 인문학적인 통찰력에 달려 있다. 이러한 통찰력은 지식이 아닌 지혜를 통해 발휘된다. 이는 시야를 넓혀 세상을 보는 안목과 미래를 내다보고 사람을 분별하는 눈을 갖게 한다. 그로 인해 인재를 적재적소에 배치함으로써 각자가 자신의 능력을 최대한 발휘하도록 한다. 이처럼 각 구성원들이 공동체를 위해 조화를 이룰 수 있도록 조직을 운용하는 기술은 단순한 전문적 기술이 아니라, 삶의 통찰력에서 나오는 지혜이다. 베니스(Bennis)가

리더는 조직을 이해하고 조직이 기능하는 방법을 만드는 '사회적 건축가(social architect)'가 되어야 한다고 강조한 이유이다.

이와 같은 통찰력에 기반한 지혜의 축적은 부단한 노력의 결과물이다. "리더는 영원한 학습자이며, 학습은 리더의 에너지원이다"[2]라는 베니스의 말처럼, 부단한 학습과 노력이 뒷받침되지 않으면 결코 획득될 수 없는 능력이다. 이런 점에서 자신은 "태어나면서부터 진리를 아는 사람이 아니라, 옛것을 좋아하여 민첩하게 그것을 추구하는 사람"[3]이라고 외친 공자(孔子), "어느 날 새로워졌다면 나날이 새롭게 하고, 또 나날이 새롭게 하라"[4]라고 순간순간 스스로를 성찰하고 경계한 탕왕(湯王), 이들이 진정한 지혜의 리더이다. 그들은 남들보다 뛰어난 지능이나 능력을 가지고 태어난 인물이 아니다. "남들이 한 번을 해서 잘하면 자신은 백 번을 노력하고, 남들이 열 번을 해서 잘하면 자신은 천 번을 노력한"[5] 진정한 리더들인 것이다. 이와 같이 부단한 학습과 노력을 통해 삶에서 필요한 지식과 인격을 차근차근 축적했기 때문에 리더 중의 리더가 될 수 있었다. 맹자는 리더에 대해 "근원이 좋은 물은 결코 마르지 않고 끊임없이 콸콸 용솟음쳐서 밤낮을 가리지 않고 흘러간다. 만약 가는 도중에 구덩이가 나오면 결코 뛰어넘지 않는다. 차근차근 그 구덩이를 다 채운 이후에야 앞으로 나아가서 광활한 바다로 이른다"[6]라고 했다. 이것이 '군자불기'의 리더가 될 수 있는 최상의 방법이다.

현대 리더십과 리더의 지혜

1) 리더의 자기학습과 비전

베니스(Bennis)는 "리더를 추종자들과 구분시키는 것은 리더십 기술을 발전시키고 향상시키는 리더의 노력에 있었다. 리더는 영원한 학습자이며, 학습은 리더의 에너지원이다"[7]라고 했다. 이처럼 리더의 다양한 요건들 중에서 학습을 통한 자기계발은 필수불가결의 선행조건이다.

최근 리더십 이론에서 다루고 있는 대표적인 리더의 역할은 비전제시와 영감부여를 들 수 있다. 환경의 복잡성이 증대되고 역동성이 가미됨에 따라 조직들이 인지하는 환경의 불확실성이 이전보다 훨씬 높아지고 있다. 이 때문에 리더의 비전제시와 영감부여 능력은 그 중요성이 더욱 더 증대되고 있다. 즉 리더십을 발휘하기 위해서는 조직에 맞는 비전을 제시하고, 조직구성원들을 성장시키고 사고의 틀을 넓히는 영감을 부여하는 일은 매우 중요하다.

올바른 비전제시를 위해서 리더는 현재 자신이 이끄는 조직의 상황에 대한 면밀한 파악이 우선되어야 한다. 그런 뒤 향후 발생할 전반적인 상황에 대한 통찰력을 가져야 하며 어떻게 대처해야 할 것인가에 대한 구체적인 가이드라인을 가지고 있어야 한다. 따라서 조직과 업무전반에 대한 폭넓은 이해는 필수이다. 그럴 때 열린 마음과 유연성를 가지고 새로운 변화에 대응하고 현명하게 조직을 이끌 수 있다.

리더가 제시한 비전은 조직 전체의 중장기적인 목표가 된다. 이것은 구성원들로 하여금 관심과 노력을 기울이게 하고 선택과 집중을 하도록 한다. 구체적인 실행계획을 짤 수 있도록 도와주며, 인내심을 가지고 자신들의 업무에 몰입하도록 해준다. 제시된 비전이 적절하게 잘 설정될 때, 그 조직은 향후 얼마 동안 올바른 방향으로 나아간다. 하지만 비전이 제대로 설정되지 않을 경우, 조직은 한동안 힘든 상황에 놓이게 된다. 이 때문에 리더들은 무엇보다 비전을 잘 설정하기 위한 지속적인 노력을 기울어야 한다. 이를 위해 끊임없는 환경 분석과 미래 예견, 그리고 내부역량평가를 종합적으로 해야 한다.

한편 리더는 조직구성원들 개개인이 원활하게 역할을 수행할 수 있도록 업무적인 차원에서 지원을 해줘야 한다. 정보제공과 코칭, 노하우 전수 등이 이에 속한다. 이를 위해 리더들은 업무와 관련된 충분한 전문성과 식견을 가질 필요가 있으며, 지속적으로 학습하고 노력하는 자세를 지녀야 한다. 뿐만 아니라 조직구성원들이 새로운 변화에 대응하고 업무적 발전에 더욱 힘쓸 수 있도록 지적 자극을 주어야 한다. 이를 위해서는 리더 본인부터 먼저 자기학습과 자기계발을 하는 것이 필요하다. 이러한 리더들의 솔선수범은 조직구성원들로 하여금 닮고 싶어하는 역할 모델이 되며, 조직 전체에 학습 분위기를 조성해주는 계기가 된다.

2) 현대의 지혜 리더십 이론

현대적 리더십 이론 중 가장 중심이 되고 있는 이론은 변혁적 리더십이다. 변혁적 리더십에서 리더는 조직구성원들에게 끊임없이 영감을 부여하고 새로운 지식과 정보들을 제공하는 등 지적 자극을 통해 조직구성원들이 환경의 변화에 적응할 뿐 아니라 현재의 상태보다 더욱 발전한 모습으로 전환되도록 유도한다. 이를 위해 리더는 조직구성원들보다 앞서서 자신에게 요구되는 사항들을 지속적으로 익히고 학습하는 등 자기계발에 노력을 기울여야 한다. 이러한 노력들이 리더로 하여금 현재 속해 있는 환경을 정확하게 인식하고 미래를 내다볼 수 있는 올바른 통찰력을 갖게 해준다. 리더의 자기계발을 위한 노력은 자기완성의 의미도 있지만, 조직을 이끌어 나가는 데 필요한 비전을 제시하고 올바른 방향으로 이끄는 데 궁극적인 목적이 있다고 할 수 있다.

이와 비슷하게 서번트 리더십에서도 리더의 자기학습을 강조하고 있다. 서번트 리더십은 기본적으로 조직구성원들이 자신들의 역할을 수행할 수 있도록 지원해준다. 즉 봉사하는 리더의 자세를 바탕으로 한다. 리더는 조직구성원들을 도와줄 준비가 되어 있어야 하는데, 업무지원, 정보제공, 노하우 제공 등 다양한 차원에서의 리더의 역량이 요구된다. 리더가 조직구성원들이 필요로 하는 것을 갖추고 있을 때, 리더는 조직구성원들의 만족도와 성과를 이끌어낼 수 있으며, 리더로서의 역할을 성공적으로 수행해낼 수 있게 된다.

한편 CEO와 임원과 같은 최고의사결정자들에게 주로 적용되는 이론인 전략적 리더십에서 리더는 조직의 비전을 제시하고 조직의 핵심역량 강화 및 인적자원 개발에 많은 초점을 둔다. 이때 리더는 조직의 비전을 제시하기 위해서 조직이 속해 있는 상황적 맥락과 환경의 변화에 대해서 명확하게 이해해야 한다. 즉 조직의 강점과 약점을 이해하고 주변 경쟁자들에 대한 정보도 충분히 가지고 있어야 한다. 전략적 리더십에서도 리더들은 조직에 맞는 비전 제시를 위한 충분한 준비를 해야 하며, 이를 위해 부단한 자기 학습의 중요성을 강조하고 있다. 뿐만 아니라 전략적 리더십 이론에서는 조직이 다른 조직과의 경쟁관계에 있어서 경쟁우위를 점하고 지속적으로 성장하고 발전하기 위해서는 핵심역량 강화와 인적자원 개발에 힘써야 한다고 제시하고 있다. 그리고 이러한 활동에 있어서 주도적인 역할을 리더들이 하게 되는데, 리더들이 얼마만큼 훌륭한 통찰력과 지혜를 지녔느냐에 따라 조직의 역량과 인적자원 개발의 성과가 달라진다. 따라서 전략적 리더십 이론에서도 리더의 자기학습과 비전은 리더십의 중요한 측면이 된다.

3

세상을 위한 성균 리더의 지혜

1) 하는 일을 즐겨라

성균 리더는 세상을 위한 지혜를 추구한다. 끊임없는 진리 탐구[格物致知], 자기와의 만남을 놓치지 않고 늘 되돌아보는 성찰(省察), 늘 자신을 새롭게 하는 수양공부[日新] 등 평생 학습을 통해 자기 스스로를 계발하고 발전시킨다. 이와 같이 학습과 공부를 좋아하고 즐기는 열린 자세[好學]가 바로 진정한 지혜를 추구하는 리더의 목표가 되어야 한다.

호학(好學)은 자기 분야의 지식은 물론, 자신이 하는 일에 최선을 다하는 리더의 모습이다. 공자의 자부심은 호학에 있었다. 공자는 자신을 "나면서부터 아는 자가 아닌 옛것을 좋아하여 민첩하게 그것을 구하는 자"[8]라고 겸손해했지만, 호학만은 누구에게도 양보하지 않았다. "열 집 정도 되는 작은 읍에도 충심과 신의는 나와 같은 자가 있겠지만, 배우는 것을 좋아하는 것은 나만한 사람이 없을 것이다",[9] "책의 가죽 끈이 세 번이나 끊어질 정도로 배우고 또 노력했다",[10] "알지 못하는 것이 있으면 알려는 열정에 밥 먹는 것도 잊었다"[11]고 할 만큼 호학에 대한 자부심이 대단했다. "세 사람이 길을 감에 반드시 나의 스승이 있다"[12]는 것도 세상 어디든 누구에게든 배움이 없는 곳이 없다는 열린 마음과 겸손한 마음의 고백이다. 이러한 열린 마음이 공자를 만든 힘이었다.

이랬기에 공자는 함부로 호학자임을 인정하지 않았다. 3천 명의 제자 중 공자가 인정한 호학자는 안연뿐이었다. 안연은 가난에 휘둘리지 않고 도를 즐거워했으며,[13] 뒤로 물러남 없이 언제나 배운 것을 그대로 실천했고,[14] 하나를 들으면 열을 알았으며,[15] 같은 잘못을 반복하지 않았고,[16] 3개월 동안 인(仁)을 실천한 자[17]였다. 공자는 그에게만 호학자라고 했다. 이처럼 호학은 쉽지 않다. 그런가 하면 공자는 부도덕한 공문자에게 문(文)이라는 시호가 붙은 것을 의아하게 생각하는 자공(子貢)에게 그가 문이라는 시호를 받을 만한 자임을 인정한다. 즉 명민하면서도 배우기를 좋아하고, 모르는 것이 있으면 신분에 상관없이 누구에게나 묻는 자세, 그것만으로도 충분히 문(文)이라 할 수 있다는 것이다.[18]

많은 사람들이 사람을 규정할 때 한 가지 일로 그 외의 일까지 재단하는 경우가 허다하다. "하나를 보면 열을 안다"는 말도, "잘 될 나무는 떡잎부터 안다"는 말도 한 가지로 나머지를 충분히 규정할 수 있음이 내포된 말이다. 하지만 사람은 매우 입체적인 존재다. 형편없어 보이는 사람도 뛰어난 능력이 있는가 하면 도덕적인 결함은 있지만 다른 면에 탁월한 능력을 발휘하는 경우도 많다. 공자는 공문자의 행실이 비록 비도덕적이지만 그가 가진 장점을 간과하지 않았다.

이처럼 배우기를 좋아하고 열린 마음을 지녔기에 공자의 아카데미는 늘 열려 있었다. 누구나 배우려는 마음을 가지고 기본적인 예를 갖추어 찾아오면[19] 신분을 가리지 않고 가르쳤다.[20] 공자는 배우는 것을 싫증내지 않았고 가르치는 것을 게을리 하지 않았으며,[21] 모르는 것이 있으면 먹는 것도 잊고서 앎을 추구했고, 알게 되면 즐거워서 근심도 잊었으며, 자신이 늙는지조차 알지 못한다[22]라고 고백한다. 이처럼 열정적인 스승이 있다면 어느 누가 게으를 것인가? 그는 제자들 역시 배움에 열의를 가지길 바랐다. 남이 하나를 해서 가능하면 자신은 백을 하고, 남이 열을 해서 가능하면 자신은 천을 하는 존재가 되기를 열망했다.[23]

이처럼 호학이 지혜[智]와 배려[仁], 실천[勇]의 리더가 되는 길인 것이다. 공자가 대지(大智)라고 극찬한 순임금의 경우 타인의 단점은 숨겨주면서도 장점은 크게 드러내며, 올바르고 바른 것을 찾아서 조직과 사회에 적용시키는 지혜와 덕을 지녔다.[24] 즉 리더의 호학은 단지 리더 자신의 역량 강화에 그치지 않고 성원들의 동기부여에 강력한 기재로 작용한다. 천하주유를 끝낸 공자가 교육에 힘쓰며 미래를 기약한 것도 그 때문이다. 호학, 성균 리더의 길과 목표가 되어야 할 것이다.

2) 철저하게 집중하라

그렇다면 지혜를 추구하기 위한 방법은 무엇일까?『대학』에 그 답이 있다. 대학은 수신이 곧 평천하를 이루는 길임을 제시한다. 누구나 알고 있는 수신·제가·치국·평천하가 그것이다. 경(經)과 전(傳)을 다 합해 2천 자도 되지 않지만,『대학』에는 자신을 바르게 하고 닦는 것부터 세상을 다스리는 길까지 모두 들어 있는 매우 큰 책이다. 그 중심에 수신이 있다. 자신을 올바로 닦을 때 자신이 속한 집안이 가지런해질 수 있고, 나라가 다스려지며 천하가 평화로워진다는 것이다. 즉 평천하의 시작이 수신이다. 그를 위해 먼저 마음을 바르게 해야 한다[正心]. 수신의 첫걸음이 마음을 바르게 해야 한다는 것은 몸을 움직이는 것이 마음임을 나타낸 것이다. 사람은 몸과 마음으로 이루어져 있다. 물질로 이루어진 보이는 몸과 정신세계인 보이지 않는 마음, 하지만 보이는 몸을 움직이는 것이 마음이다. 따라서 분노하거나 성내는 것, 두려워하거나 무서워하는 것, 좋아하거나 즐거워하는 것, 걱정하고 근심하는 마음이 있으면 바르게 인식할 수도 없고 바르게 행동할 수도 없다.[25] 이처럼 바름은 마음에서 비롯되고, 바름을 잃는 것도 마음에서 시작된다. 증자는 "마음이 없으면 보아도 보지 못하고, 들어도 듣지 못하며, 먹어도 그 맛을 모른다"[26]라고 하여, 마음을 바르게 하는 것이 몸을 바르게 하는 기본임을 강조했다. 결국 보고 듣고 먹는 것까지 마음의 작용인 것이다. 그렇다면 마음을 바르게 하기 위한 방법은 무엇일까?

바로 뜻을 성실하게 하는 것이다. 그를 위해 먼저 자기를 속이지 않아야 한다. 이것이 성의(誠意)의 첫걸음이다. 우리는 남도 속이지만 자신도 속인다. 다만 모를 뿐이다. 늘 자신을 성찰하지 않는 이상 우리는 자신을 속이기 쉽다. 자신에게는 관대하기 때문이다. 증자는 '악취를 싫어하고 예쁜 모습을 좋아하는 것 같이 하는 것'을 예로 들었다. 이는 의식하지 않아도 저절로 그렇게 되는 것이다. 미인을 보면 자기도 모르게 미소 짓고, 악취를 맡으면 표정을 찡그린다. 하고 싶어서 하는 게 아니라 절로 그리 되는 것이다. 따라서 군자는 홀로 있을 때마저도 신중하고 삼가며 조심해야 한다.[27] 소인의 경우 한가롭게 있을 때 가리는 것 없이 함부로 행동한다. 그러다가 군자의 행실을 보게 되면 자신이 부끄러워져 옳지 못하거나 조심하지 않았던 부분을 감추지만 이미 남들은 평소에 그가 어떠한지를 알고 있다. 마음이 밖으로 드러나는 것이다. 마음에서 성실하면 밖으로 나타난다는 것이 그것이다. 이 때문에 군자는 홀로 있을 때도 신중하게 행동해야 한다.[28] '늘 앞에 있는 것같이'이다. 이것이 뜻을 성실하게 하는 것이다. 증자는 "열 눈이 보는 바이며 열 손이 가리키는 바이니, 무섭구나!"[29]라고 말해 어디에도 숨을 수 없음을 말했다.

오늘날 우리가 사는 사회는 CCTV의 사회이다. 나도 모르는 사이에 수없이 모습이 찍히고 기록에 남는다. 감추려야 감출 수 없고 숨을 수 없는 노출사회가 된 것이다. 보이는 부분뿐 아니다. 나의 생각과 마음까지도 드러난다. 늘 신중하고 삼가며 뜻을 성실하게 해야 하는 이유이다. 이를 위해서 이치를 끝까지 파고들어 앎에 이르러야 한다. 즉 내가 알려고 하는 대상에 나아가 그 하나에 몰두하여 사물의 이치를 깨닫고자 노력해야 한다. 이것이 격물(格物)이다. 이 때문에 격물은 성리학의 공부방법론으로 중시되었고, 학문과 수양에 대한 가장 기초적이고 기본적인 이론으로 자리매김했다. 그럴 때 비로소 앎에 이를 수 있다. 치지(致知)이다. 치지는 앎에 깊이 파고들어 지극히 함으로써 앎에 다다름을 의미한다. 따라서 격물치지는 내가 알고자 하는 것을 끝까지 파고들어 앎에 이르는 것이다. 이것이 선조들의 공부 방법이었고 수신을 위해 가장 먼저 해야 하는 핵심 수양론이다.

여기에는 하나의 전제가 있다. 바로 리(理)이다. 세상의 모든 만물에는 리가 있고, 인간에게는 그 리를 깨달을 수 있는 능력인 성(性)이 있다. 즉 내 안에 있는 성으로 만물의 리를 파악할 수 있다는 데서 격물은 출발한다. 성리학이라는 명칭도 여기서 비롯됐다. 인간에게 내재된 성과 우주가 지닌 리는 본질에서 같기 때문에, 인간이 내재된 능력을 발휘한다면 우주의 이치와 하나가 될 수 있다는 것이다. 유학이 '천인합일(天人合一)'을 말할 수 있는 이유이다.

주자는 평천하를 이루는 힘이 격물치지에 있다고 보았다. 우주와 만물에 내재된 이치를 궁구하여 앎에 이르게 되면[格物致知] 뜻을 성실히 하지 않을 수 없다[誠意]. 뜻이 성실해지고 정성스러워지면 치우치거나 편협되지 않고, 자신을 흔드는 분노와 두려움, 좋아하고 즐거워하는 데에 마음이 흔들리지 않아 바르게 판단하고 바르게 볼 수 있다[正心]. 이것이 수신으로 나아가는 첫걸음이다. 즉 수신은 내 마음을 바르게 하는 것에서 출발한다. 그것이 나를 넘어 밖으로 확대되면 가까이는 내가 속한 가정과 조직이 질서 잡히고 가지런해지며, 좀더 영역이 확장되면 내가 사는 사회와 국가가 다스려진다. 여기서 다스려진다는 것은 사회를 이루는 구성원들이 스스로 변화됨을 의미한다. 강압과 강제에 의한 변화나 다스림이 아닌 자발적인 변화이다. 그것은 전 세계로 확산되어 세상의 모든 존재들이 제 역할을 하는 평화로운 세상이 될 수 있다. 격물이 평천하를 이루는 기본 틀인 것이다. 선조들이 무엇보다 격물과 치지를 중시한 이유이기도 하다.

성균 지혜 리더십의 현장

1) 성균 선배의 지혜를 배우다:

율곡 이이(李珥, 1536~1584)

과거에 아홉 번이나 장원급제를 하여 구도장원공(九度壯元公)이라고 불렸던 율곡! 그는 조선의 천재였다. 한 살도 안 돼 말과 글을 깨우쳤고, 3살 때 어머니 신사임당의 글과 그림을 흉내 냈으며, 4살 때 중국의 역사책인 『사략』의 1권을 배웠는데, 스승보다 토를 더 잘 달았다고 한다. 15세에 그를 가르칠 사람이 없을 정도로 학문이 깊었고 성리학에도 통달했다. 13세에 진사 초시에 장원급제하여 시험관과 주위 사람들을 놀라게 한 후 29세까지 생원시와 식년문과에 9번이나 장원을 했다. 그뿐 아니다. 효성 또한 지극해 어머니와 아버지가 아플 때에는 매일 외할아버지의 사당에 들어가서 기도를 올렸다

고 한다. 8세에 지은 「화석정」이란 시는 그가 얼마나 뛰어난지를 말
해준다.

임정추이만(林亭秋已晚) 숲속 정자에 가을이 이미 저무니

소객의무궁(騷客意無窮) 시인의 마음은 끝이 없어라

원수연천벽(遠水連天碧) 멀리 보이는 물은 하늘에 맞닿아 푸르고

상풍향일홍(霜楓向日紅) 서리 맞은 단풍은 햇빛 받아 붉구나

산토고수월(山吐孤輪月) 산은 외로운 둥근달을 토해 놓고

강함만리풍(江含萬里風) 강은 먼 곳의 바람을 머금었도다

새홍하처거(塞鴻何處去) 변방의 기러기는 어디로 가는가

성단모운중(聲斷暮雲中) 소리가 저무는 구름 사이로 끊어지네

율곡은 조선의 문신으로 성리학자이며 정치가, 사상가, 경세가,
교육자였으며, 작가이며 시인이었다. 본관은 덕수, 자는 숙헌(叔獻),
호는 율곡(栗谷)·석담(石潭)·우재(愚齋)이며, 아명은 현룡(見龍), 시호
는 문성(文成)이다. 이원수(李元秀)와 신사임당의 셋째아들이다. 조광
조를 사숙(私淑)한 그는 조광조의 문하생인 휴암 백인걸을 찾아가 수
학했다. 그곳에서 우계 성혼을 만나 평생의 친구가 되어 "살아도 같
이 살고 죽어도 같이 죽자"고 맹세한다.

율곡의 일생에 가장 큰 충격은 어머니의 죽음이었다. 그는 어머
니의 삼년상을 치른 뒤 방황하다가 금강산 마가연에 들어가 승려가
되어 불교를 연구하기도 했다. 하지만 불교가 유교에 미치지 못한다

고 판단한 후 1년 만에 환속했다. 그때 남긴 시가 유명한 「연비어약
(鳶飛魚躍)」이다.

> 연비어약상하동(鳶飛魚躍上下同) 솔개가 날고 물고기 뛰는 이치는 위
> 아래 매한가지
> 저반비색역비공(這般非色亦非空) 이는 색도 아니요 또한 공도 아니라네
> 등한일소간신세(等閑一笑看身世) 실없이 한 번 웃고 내 신세 살펴보니
> 독립사양만목중(獨立斜陽蔓木中) 석양에 나무 빽빽한 수풀 속에 홀로
> 서 있네

불교의 무념무욕(無念無欲)은 그의 기질과 맞지 않았다. 그것을 깨
닫자 불교로부터 벗어날 수 있었다. 하지만 이것이 동인들과 남인들
에게 이단 학문에 빠졌다는 빌미를 제공했다.

그는 20세에 금강산에서 내려와 다시 성리학을 탐독했고, 유교의
진리를 통해 현실 문제를 타개하고자 '스스로를 경계하는 글'인 『자
경문(自警文)』을 집필했다. 1564년 식년문과에 급제한 율곡은 호조좌
랑, 예조좌랑, 홍문관직제학 등 요직을 두루 거쳤다. 이때 왕의 외척
인 윤원형이 승려 보우를 궁중에 끌어들여 비행을 행하자 상소를 올
려 보우를 제주도에 귀양 보내고, 윤원형을 관직에서 몰아냈다. 이
후에도 명종대의 외척인 좌의정 심통원이 재상직에 머물면서 횡포
를 부리자 상소를 올려 그를 탄핵하여 삭탈관직되어 쫓겨나게 했다.

특히 율곡은 허례허식을 강하게 비판했다. 당시는 도덕과 윤리,

예절이라는 이름으로 위선과 형식, 겉치레가 당연시되던 사회였기에 그의 정직한 자세는 많은 오해를 불렀다. 이 때문에 동료와 선배들에게 미움을 사 '나랏일을 그르치는 소인', 즉 오국소인(誤國小人)으로 지탄을 받기도 했다. 특히 원로대신 중에는 율곡을 예절과 근본도 모르는 위인이라고 분노하는 자도 있었다.

하지만 그의 곧은 자세는 선조를 매료시켰고, 선조는 일마다 그를 불러 자문을 구했다. 하루는 선조가 율곡에게 자신에 대한 생각을 물은 적이 있었다. 그러자 율곡은 "전하께서는 선한 의지를 가지고 계시니, 학문에 힘쓰고 노력하면 현명한 군주가 될 수 있다"고 말한다. 그러자 어떤 사람을 등용해야 하는지를 물었다. 율곡은 "전하에게 충성을 다짐하는 사람은 되도록 피하고, 자신이 해야 할 공적인 일에 충성을 다짐하는 사람을 가까이 하십시오. 전하께 충성을 다짐하는 사람은 전하를 배신할 가능성이 있지만, 자기 일에 충성을 다짐하는 사람은 결코 전하를 배신하는 일이 없을 것입니다"라고 대답했다. 바로 공자의 제자인 자유가 무성에서 발견한 담대멸명 같은 자를 등용할 것을 요청한 것이다. 담대멸명은 평소에 지름길로 다니지 않았고, 공적인 일이 아니면 자유의 집에 오지 않았던 곧은 사람이었다.[30] 그는 자신의 직분에 충실할 뿐 출세와 성공에 마음 두지 않았던 것이다. 리더는 이런 사람을 알아보고[知人] 쓸 줄 알아야 한다[用人]. 그것이 리더의 출발이다.

율곡이 존경한 인물은 퇴계였다. 비록 인간 심리에 관한 견해는 이기일원론(理氣一元論)과 이기이원론(理氣二元論)으로 서로 달랐지만,

퇴계를 선학으로 모시고 존경했다. 하지만 그들의 만남은 평생 한 번이었다. 성주목사의 딸과 결혼한 율곡은 23세인 1558년 처가인 성주를 다녀오면서 안동을 방문하여 당시 대학자인 퇴계를 만났다. 퇴계는 그의 뛰어난 재능에 감탄하여 '뒤에 태어난 자가 두렵다'는 '후생가외(後生可畏)'라는 말로 율곡을 인정하고, '나이를 잊은 친구'인 망년우(忘年友)로 대접했다. 이후 서신을 주고받으며 경(敬)공부와 격물(格物)과 궁리(窮理) 등의 문제에 대해 의견을 나누었다.

율곡은 학문에 뛰어나기도 했지만 기상이 호탕하고 도량이 넓어 근본원리를 자유롭게 통찰했다고 한다. 그는 실생활에 적용할 수 있는 학문을 참된 학문으로 여겼고, 아무리 훌륭할지라도 현실에 적용할 수 없으면 헛된 공리공담이라고 하며 실용사상을 주장했다.

율곡은 동서의 분당 직전에 관직을 사퇴하고 황해도 해주의 야두촌에 돌아가 학문을 닦았다. 이후 청주목사로 임명되자 서원향약(西原鄕約)을 마련, 백성들에게 자치생활을 권장하여 향풍을 순화하는 성과를 거두었다. 하지만 다음 해 신변을 핑계로 사직하고 파주의 율곡촌에서 학문에 힘썼다. 공납의 폐단을 시정하기 위한 정책인 대공수미법(代貢收米法) 실시를 주장하고, 병조판서로서 여진족 이탕개의 침입을 격퇴한 후 10만양병설을 주장했다. 또 승정원 동부승지가 되었다가 우부승지로 옮긴 후 『만언봉사(萬言封事)』라는 상소문을 올렸다. 그곳에 조선의 정치와 잘못된 풍습 7가지를 국가의 근심거리라고 지적하고, 세세하게 설명하여 개선책을 강구하는 요구사항을 열거하기도 했다. 1580년에는 홍문관 부제학으로 있으면서 선조가 성현의 말씀이라고 높인 『성학집요』를 저술했다. 또 1583년 병조판서에 임명되자 국방강화를 위해 『시무육조』를 개진했다. 그 내용은 첫째, 어진 이를 등용할 것, 둘째, 군대와 백성을 제대로 키울 것, 셋째, 재용(財用)을 넉넉하게 마련할 것, 넷째, 국경을 견고하게 지킬 것, 다섯째, 전쟁에 나갈 군마를 충분히 기를 것, 여섯째, 교화(敎化)를 밝힐 것이다. 이후 다시 '봉사(封事)'를 올려 폐정에 대한 개혁을 실시할 것을 요구했다. '봉사'에는 공안(貢案)의 개혁, 군적을 고치고 지방의 군현을 합병하여 불필요한 공직자 수를 줄이고, 관찰사의 임기를 보장하며, 관찰사로 하여금 지방을 제대로 다스릴 수 있는 기회를 주어야 한다는 것이다. 또 서얼제도를 폐지하여 신분에 관계없이 천민이나 노비 중에서도 능력 있는 사람은 평등하게 공직에 발탁하여 나랏일을 맡겨야 함을 주장했다. 그뿐 아니다. 양반에게도 군역을 부과하고 병력을 증강할 것을 주청했다. 군사비용 발생에 대한 대안으로 불필요한 관직자의 수요를 줄이고 실적이 없는 자는 품계를 회수할 것도 건의했다.

> "진정한 학자는 나아가서는 한 시대의 도리를 행하여 이 백성들로 하여금 태평의 즐거움이 있게 하며, 물러나서는 만세에 가르침을 드리워 배우는 자로 하여금 큰 잠에서 깨어나게 하는 것이다."[31]

율곡이 이루고자 한 세상은 요순시대의 실현이었다. 하지만 이러한 개혁은 곧 반발에 부딪혀 좌절되었고 공격의 대상이 되었다. 특히 서얼 허통은 신분제를 문란하게 할 수 있다며 동인과 서인에게 동시에 비난을 받았다. 다만 류성룡과 정구가 인재등용에 차별이 있어서는 안 된다면서 동의하는 정도였다.

이후 율곡은 동인과 서인 사이의 당쟁 조정을 정치이념으로 삼고 분당을 조절하고자 했지만 성과를 거두지 못했다. 곧 동인의 공격 대상이 되었고, 탄핵을 받아 모든 관직에서 물러나야 했다. 그런 후 병석에 눕게 된 그는 동인의 공격을 받다가 49세라는 젊은 나이에 세상과 작별한다. 그가 남긴 재산은 책과 부싯돌 몇 개였다고 한다.

율곡은 천재이면서도 배우기를 멈추지 않았던 호학의 리더였고 지혜의 리더였다. 또한 세상의 불공정과 불공평, 허례허식을 개선해 백성들의 삶의 근육을 키우고 국가의 역량을 높이려는 노력을 멈추지 않았다. 그것이 평천하를 이루는 길이라 여겼다. 비록 이준경으로부터 당쟁의 근원으로 지목받고 분노했지만 결과적으로 당쟁이 시작되자 자신의 잘못을 인정하고 해결하려는 그의 모습은 진정한 학자의 모습을 보여주는 거울이고, 우리가 본받을 선배의 모습이다.

2) 성균 지혜 리더를 만나다:

백암 박은식(朴殷植, 1859~1925)

박은식은 민족주의 사학의 지표를 제시한 역사학자이며 대한민국 임시정부의 제2대 대통령을 지냈다. 한국 근대사상 격동기에 활동한 유학자로서 일제강점기의 학자이자 언론인, 근대 학교운동의 선구자이자 교육자, 정치가, 역사가로서 애국계몽운동과 독립운동에 큰 업적을 남겼다. 자는 성칠(聖七), 호는 겸곡(謙谷)·백암(白岩·白巖·白菴)·태백광노(太白狂奴)·무치생(無恥生)이며 본관은 밀양(密陽)이다.

황해도 황주군에서 서당 훈장이던 부친 박용호와 모친 노씨 사이에서 태어난 백암은 어려서 부친의 서당에서 한학을 익혔는데, 재주가 뛰어나고 시문에 능했다고 한다. 17세까지 서당에서 공부한 뒤 1875년 황해도에서 신동으로 이름난 안중근의 아버지 안태훈과 교류했으며, 이후 경기도 광주에서 다산 정약용의 문인들인 신기영과 정관섭 등에게 학문을 배웠다. 이들을 통해 실학을 집대성한 다산의 정치·경제·사회 등 제 분야의 개혁론을 섭렵하고, 그와 함께 양명학을 연구하여 개혁적 사고를 지니게 됐다. 또한 1885년에는 관서(關西)의 대학자였던 화서학파 운암 박문일과 성암 박문오 형제에게 정주학(程朱學)을 공부하면서 양명학과 실학에 토대를 둔 현실적이며 근대적인 사고를 지님과 동시에 척사적 민족주의를 키워나갔다. 이처럼 백암은 근대적인 변화와 발전에 주체적으로 참여한 개신 유학자였다.

백암은 향시에 특선으로 합격하여 숭인전 능참봉이라는 벼슬을 했고, 1892년 민병석의 천거로 동명왕릉참봉으로 전직했다. 그후 1894년 동학농민 전쟁이 발발하자 단행된 갑오개혁을 사설(邪說)이라며 조정의 정책을 비판했다. 1898년에 독립협회에 가입한 백암

은 근대 민족운동에 본격적으로 뛰어들었다. 지금까지 공부했던 주
자학과 위정척사사상의 본질에 의심을 품고 신학문과 신지식을 알
아야겠다는 필요성을 절감했던 것이다. 1989년에 개최한 만민공동
회에서는 문교 분야의 간부급 지도자로 활동했다. 그해 9월에는 장
지연·남궁억·나수연 등과 함께 《대한황성신문》을 인수하여 《황성
신문》으로 제목을 바꾸어 창간 보급했다. 또한 장지연과 함께 공동
주필로, 독립협회 회원으로, 성균관의 후신인 경학원 강사이자 한성
사범학교 교사로, 계몽 및 교육 활동에 전념하면서 민중 계몽운동을
벌여 나갔다.

1904년 영국인 어니스트 베델이 편집인이자 발행인인 한·영 종
합일간지인 《대한매일신보》가 창간됐다. 고종황제와 민족주의 지식
인의 지원을 받은 《대한매일신보》에서 백암은 주필이 되어 사설을
썼다. 베델이 발행인이었기에 다른 신문보다 언론의 자유를 누릴 수
있었지만 이 역시 오래가지 못했다. 일본은 신문법을 고쳐 압수와
판매금지를 단행했던 것이다. 이후 베델과 양기탁이 구속되었고 영
국인 비서였던 만함이 통감부에 신문을 팔아넘겼다.

1905년 《황성신문》에 장지연의 「시일야방성대곡(是日也放聲大哭)」
이 실렸다. 일제의 탄압을 받았지만 백암은 1910년 《황성신문》이
폐간될 때까지 주필로 활동하면서 '무장운동과 관련하여 나란히 전
진한다'는 연무제진(聯武濟進)으로 애국계몽활동이 의병의 무장항쟁
과 연계돼야 한다고 주장했다. 또 유교구신론(儒敎求新論)을 써서, 유
교의 근대화와 한국화를 외쳤다. 그런가 하면 공자의 대동주의(大同

主義)와 맹자의 '백성이 가장 중요하다'는 민위중(民爲重)에 의거해 민
중유교론을 펼치기도 했다. 청나라의 언론인이자 사상가인 캉유웨
이(康有爲)가 백암을 "법필(法筆)이 사마천의 정수(精髓)를 얻었다"라고
칭송한 것도 이 때문이다.

당시 조선의 운명은 강한 바람 앞에 놓여 있는 촛불과 같았다. 백
암은 조선의 운명과 국민의 행복을 위해서는 교육발전이 필수적이
라고 생각했다. 그는 1906년 10월에 동지들과 함께 교육계몽운동
단체인 서우학회를 조직하고, 이 학회를 지도하면서 교육진흥과 민
족 교육기관으로 사립학교의 설립을 촉구했다. 백암은 사립학교인
서북협성학교와 오성학교를 설립하고, 이 두 학교의 교장을 맡아 본
격적으로 민족교육을 실천해 갔다.

백암은 당시 조선의 백성들이 지닌 유교의 폐쇄적인 부분으로 인
해 개화가 어렵다고 보았기에 이를 개선하기 위해서 위로부터의 정
치적 개혁이 아닌 교육을 통한 국민 의식 변화의 필요성을 느꼈다.

"사회는 일반 인민이 서로 결합하여 국가와 민족의 공익사업을 협력
하여 나아가는 것이며, 국가는 인민이 모인 것이므로 그 인민의 문명
은 그 나라의 문명이요 인민의 부강은 그 나라의 부강이다."

백성이 곧 나라의 근본이라는 민본주의에 입각해 민권을 신장해
야 함을 주장하면서 교육을 통해 나라를 구하고자 했다.

하지만 곧 나라를 잃은 고통을 당해야만 했다. 그러자 이듬해인

1911년 4월 백암은 중국으로 망명했다. 만주에서 1년간 머물며 백암은 『대동고대사론』・『동명성왕실기』・『명림답부전』・『천개소문전』・『발해태조건국지』・『몽배금태조』를 집필했다. 이후 상해에 온 백암은 망명 이후 줄곧 써오던 『한국통사』의 집필을 완성하고 이듬해인 1915년에 간행했다. 백암은 "백(魄)이 죽는다 할지라도 혼(魂)을 살리면 언젠가는 다시 독립할 것이며, 국사가 보존되면 국혼이 보존된다"고 생각했다. 국교(國敎)・국학・국어・국문・국사가 혼이라면, 전곡・군대・함선・기계 등은 백이다. 혼의 됨됨이는 백에 따라 죽고 사는 것이 아니기에 국교와 국사가 망하지 않으면 나라도 망하지 않는다고 본 것이다.

『한국통사』에서 백암은 우리나라가 일제의 식민지로 전락한 과정에 초점을 맞췄다. 하지만 일제에 대한 독립운동도 중시해 의병 활동은 역사적으로 영원히 사라지지 않을 것이라고 높이 평가했다. 3・1운동 후 백암은 『한국독립운동지혈사』를 출간했는데, 우리 민족의 독립운동을 중점적으로 다루었다. 그는 이러한 민족의 노력이 광복하는 날까지 계속될 것을 확신했다. 그러한 확신으로 그해 10월 15일, 상해에서 국민교육의 연구 장려 및 유학생 파견, 지도 등을 목적으로 하는 대한교육회(大韓敎育會)를 조직하고 회장 겸 편집부원으로 활동했다.

1925년 3월, 대한민국 임시정부 관계자들은 대통령 서리 겸 국무총리를 맡고 있던 박은식을 2대 대통령으로 추대했다. 백암은 임시정부의 정치체제를 대통령 중심제에서 국무위원제로 바꾼 뒤, 국무위원제의 최고 대표자 격인 국무령에 이상룡을 추천하여 당선시켰다. 또한 상해의 대한민국 임시정부와 관련 없는 이승만 중심의 구미위원회를 폐지했으며, 헌법을 개정하여 임정을 중심으로 독립운동을 일치시키고, 지병을 이유로 사임했다. 그해 11월 1일 66세의 나이로 세상을 떠났다.

죽음을 앞두고 그가 남긴 유촉(遺囑)은 다음과 같다.

> "우리 동포에게 나의 몇 마디 말을 전해주오. 첫째, 독립을 하려면 전족(全族)적으로 통일이 되어야 하고, 둘째 독립운동을 최고운동으로 하여 독립운동을 위하여는 모든 수단과 방략이라도 쓰며, 셋째, 독립운동은 오족(吾族) 전체의 공공사업이니 운동 동지 간의 애증(愛憎)과 친소(親疎)의 구별이 없어야 하오."

민족과 조국의 암흑기에 백암은 교육으로 세상을 변화시키고자 했고 그 믿음을 실천했다. 고향에서 제자를 가르치면서 예의와 교육을 흥기시켰고, 나아가 경학원과 한성사범학교에서 학생들을 가르치며 민족혼을 일깨웠다. 흥학설(興學說)을 지어 교육과 학문의 부흥을 부르짖었고, 1904년에는 『학규신론(學規新論)』을 저술하고 편찬했는데, 여기서 우리나라 처음으로 의무교육론을 제시했다. 학교가 흥해야 나라가 문명하게 되고, 백성들이 지혜를 깨우쳐서 우매함에서 벗어나게 하는 것이 문교정책이라는 것이다. 이후 민중 교육에 더욱 매진하여 오성학교와 서북협성학교를 세우고 교육을 위한 책을 끝없이 출간했다. 젊은이들을 가르쳐서 교화시키는 것이 식민지 시대를 사는 지성인의 일이요 자신의 일이라고 생각했던 것이다. 특히 국사를 국혼의 보존처로 여겼기에 국사를 중시했다. 영웅전을 비롯해 『한국통사』와 『한국독립운동지혈사』를 저술한 이유이다. 또한 국문교육을 중시했는데, 남녀·귀천을 막론하고 국문교육을 받아야 쉽게 학문이 밝아질 수 있다는 것이다. 그와 함께 실업교육도 강조했다.

백암은 교육을 통해 민족을 위기에서 구하고자 노력한 선각자였다. 그 중심에는 '백성이 가장 귀하다'는 민본주의가 있었다. 죽는 날까지 민족의 독립과 진정한 광복을 위해 교육에 매진한 백암, 그의 민족에 대한 믿음과 열정이 교실이 위기라는 오늘날 매우 그립다.

지혜 리더십의 현대적 적용:
다중지능의 이해

동양에서 지덕체(智德體) 내지 지정의(知情意)는 교육의 가장 중요한 요체인데, 미국에서는 mental, emotional(social), physical 등이 그 세 부분을 담고 있다.

이 중에서 지혜는 머리와 관계되는데, 머리(知, Mind)는 인지하고 (identifying), 생각하고(thinking), 정보를 보관하고 그것을 기억하는 (knowing) 작용이 일어나는 곳이다. 가용한 정보를 활용하여 판단을 내리는 것(judging)도 머리에서 일어난다. 리더에게 중요한 것은 바로 올바로 알고, 인지하고, 생각하고, 판단하는 것이다. 그러기 위해서는 먼저 다양성을 인정하는 법을 알아야 한다.[32]

1) 다양성의 인정[33]

아래 글상자 안에는 우리 사회에서 찾아볼 수 있는 많은 직업과 그들이 만들어낸 최종 산물(output)이 나열되어 있다. 이 중에서 어느 것이 중요하고 어느 것이 중요하지 않은가? 무엇이 필요하고 무엇이 필요하지 않은가?

〈우리 사회의 각종 직업〉

시인, 작가, 기자, 저널리스트, 연사, 변호사, 좌담프로 진행자, 수학자, 회계사, 과학자, 은행원, 약사, 컴퓨터전문가, 변호사, 형사, 심리학자, 철학자, 교사, 성직자, 상담원, 가수, 작곡가, 연주가, 음악비평가, 녹음 기술자, DJ, 건축가, 조각가, 사진작가, 인테리어 (패션, 헤어) 디자이너, 간호사, 교사, 사회복지사, 판매원, 코치, 배우, 정치인, 조류학자, 정원관리사, 천문학자, 생물학자, 요리전문가, 기상전문가, 연극인, 안무가, 운동선수, 조각가, 정형외과의사, 댄서, 에어로빅 강사

〈그들이 만들어낸 산물〉

소설, 연설문, 매뉴얼, 유머집, 단어 퍼즐, 극본, 잡지, 논문, 광고, 컴퓨터 프로그램, 수학에서의 증명, 시, 자서전, 철학서, 운동경기, 조각, 춤(댄스), 무언극, 연주, 포스터, 공예, 음악, 공연, 광고 로고송, 그림, 조각, 모형제작, 사진, 지도, 의료, 카툰, 플로 차트, 필름, 비디오, 종이 접기(origami), 건축물, 팀 프로젝트, 사람의 동원, 사교클럽, 합의도출, 대화, 환경보존운동 전개, 동식물 보존운동, 천체운행법칙 발견, 분재, 수석, 판매

물론 이분법적으로 딱 잘라 말할 수는 없다. 우리 사회에는 인기 있는 직업과 인기 없는 직업, 사회적 평가가 높은 직업과 낮은 직업이 있다. 현재 변호사나 의사가 사회적 평가가 높은 대표적인 직업일 것이다. 소득이 보장되고 정년이 없고 사회적 지위가 있기 때문이다. 문제는 다른 직업이 불필요한 것이 아님에도 불구하고 일부 직업에 대한 평가가 지나치게 높고 여타 직업을 기피하는 현상이다. 의사나 변호사 못지않게 운동선수도 중요하고 철학자도 중요하고 심지어 자동차 정비사도 중요하다. 정비사는 바로 자동차 병을 고치는 의사이다. 만일 자동차 정비사가 없다고 생각해보자. 여기저기서 정비 불량의 자동차가 일으키는 사고로 인해 극심한 혼란이 일어날 것이다. 분명한 것은 내게 중요하지 않고 필요하지 않다 하여 그것을 무시하는 것은 잘못이다. 이 사회를 움직이는 수많은 직업이나 산물에서 일부만이 그 중요성을 인정받는다면 건전하지 않은 사회다. 모든 직업과 산물이 다양하게 인정될 때 아름답다. 건전하고 균형 잡힌 사회는 바로 이러한 문화적 산물에 대한 사회적 관심과 중요성 인식이 균형을 이루고 있는 사회이다.

다중지능이론은 사회를 보는 균형적 시각을 보여준다. 각자 자신이 가지고 있는 지능 영역에 맞는 직업을 택할 때 사회적으로 가치를 더하는 문화적 산물을 만들어낼 수 있다. 운동 지능이 뛰어난 사람이 의사가 되려는 것은 사회적으로나 개인적으로나 손실이고 희생이고 불행이다. 그런 일이 없도록 하기 위해서는 우리 각자가 어떤 지능 영역에 보다 뛰어난 능력을 가지고 있는지를 알아보는 것이 중요하다.

리더십, 성균에 길이 있다

2) 다중지능이론(Multiple Intelligence)

다중지능이론은 1983년 하버드대학의 발달심리학자 하워드 가드너(Howard Gardner)가 기존에 사람의 지능을 대표해온 IQ 개념을 비판하면서 사람은 각자가 능력을 발휘할 수 있는 지능 영역에 차이가 있을 수 있음을 주장한 이론이다. 즉 지능검사·지능지수의 단순 차원으로 인간 지능을 평가하는 IQ를 부정하고, 보다 다차원에서 지능의 존재를 인정함으로써 모든 사람이 각자의 능력과 잠재력을 긍정적으로 평가하고 개발하며, 교육제도 역시 보다 다양화할 것을 요구하는 매우 획기적인 생각틀의 전환이다.[34] 따라서 다중지능에 따라 개인의 강점과 약점을 이해하는 연습이 된다면, 이들 정보를 활용하여 개인을 보다 다양한 측면에서 이해하고 개인이 원하는 성공의 길로 스스로를 이끌 수 있는 원동력이 될 수 있다.

3) IQ와 다중지능의 시각

다중지능(Multiple Intelligence: MI)은 인간의 지능 영역을 언어, 논리·수리, 공간, 신체·동작, 음악, 대인관계, 자기지각, 자연친화의 8개로 구분한다. 다중지능은 사람은 누구나 이 8가지 지능을 모두 가지고 있는데 단지 그 조합이 다르며, 유전·환경 등의 영향으로 어느 누구도 이들 8가지 지능의 조합이 같지 않기 때문에 사람 간의 지능은 상대 비교가 어렵다는 관점을 갖는다.

다음 〈그림 1〉의 세로줄은 언어지능과 논리·수리지능으로 대표되는 IQ의 순위를 표시한 것이다. 이 기준으로는 1등에서 꼴찌까지 분명한 등수가 나올 수 있다.

한편 다중지능에는 IQ로 대표되는 언어지능, 논리·수리지능 외에 6개의 지능이 더 존재한다. 그 각각을 측정한 결과 〈그림 2〉와 같이 A, B, C 세 학생의 지능 조합이 선으로 연결된다. 그럼 이 세 학생 중에서 누가 1등인가?

C학생의 경우, A나 B학생과 비교하여 자연친화지능 이외에는 모두 뒤떨어지는 것으로 나타난다. 그럼에도 불구하고 자연친화지능, 즉 친환경적 사고는 우리 사회에서 반드시 필요하고 중요하게 여겨지는 영역으로, 환경 관련 분야에서는 C학생이 A나 B학생보다 더

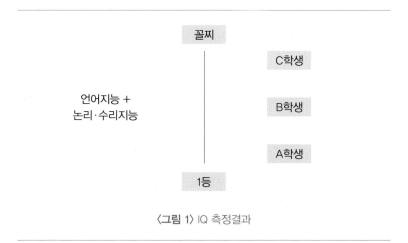

〈그림 1〉 IQ 측정결과

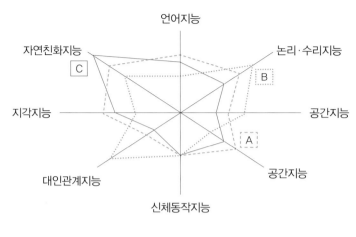

언어지능

논리·수리지능

B

자연친화지능

C

공간지능

지각지능

공간지능

A

대인관계지능

신체동작지능

〈그림 2〉 다중지능 측정결과

큰 가치를 가질 가능성이 높다.

　이와 같이 다중지능의 시각에서 자기능력을 관찰하면 각자에게 선택의 권한이 생긴다. 근력을 키워 건강한 신체를 만드는 것과 마찬가지로, 다중지능은 자신의 강점과 약점을 진단하고 그에 맞는 일을 선택하거나 일하는 데 부족한 능력이 무엇인가를 확인하여 자기개발의 계기로 삼을 수 있기 때문이다. 따라서 우리가 보다 다양한 시각에서 자신을 관찰하고 이해하게 되면, 전통적인 IQ 중심적 단일 시각에서보다 훨씬 풍부한 삶의 방식을 선택할 수 있게 된다.

4) 다중지능의 개념과 종류

다중지능은 개인에게 어떤 지능 영역이 발달하였느냐에 따라 문제해결방식과 행동방식이 다를 수 있다고 본다. 여기서 지능은 단순한 인지 능력이 아니라 현실 문제 해결까지를 포함하는 넓은 개념으로 이해해야 한다. 이와 같이 넓은 개념으로 지능을 이해했을 때 비로소 우리는 자신은 물론 다른 사람을 보다 정확하게 이해할 수 있고 각각의 가치를 인정하고 인정받을 수 있기 때문이다.

가드너(Gardner)는 지능을 8가지로 구분하고 이들 간에는 어떤 우열이 있는 것이 아니라고 말한다. 학자에 따라 가드너가 분류한 지능은 재능(talent)으로 보아야 한다고 말하지만, 가드너는 이들

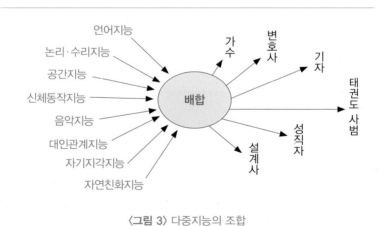

〈그림 3〉 다중지능의 조합

개념을 구분하지 않는 것이 오히려 사람을 보다 전인적으로 이해하고 그들의 잠재력을 최대한 개발할 수 있는 가능성을 높여준다고 본다. 또한 개별 지능 영역에서는 뛰어나지 않다 하더라도 이들 지능이 잘 조합될 때 오히려 뛰어난 능력이 나타날 수 있다는 관점이다. 〈그림 3〉과 같이 다중지능시각은 이들 8가지 지능이 어떤 식으로 조합되느냐에 따라서 훌륭한 변호사도 될 수 있고 훌륭한 가수도 될 수 있다는 것이다.

5) 8가지 다중지능 영역

(1) 언어지능(Linguistic Intelligence)

언어지능은 글이나 말을 통해 다른 사람이 전달하고자 하는 뜻을 정확하게 이해하고, 또 자기가 표현하고자 하는 생각을 말이나 글(때로는 비언어적 동작)을 통해 효과적으로 의사소통하는 능력을 의미한다.

▶ **언어지능의 일반적 특성**
- 읽고, 말하고, 쓰고, 듣는 능력을 무엇보다 중요시 한다.
- 언어지능이 뛰어난 사람은 단어의 의미를 잘 파악하고, 어법에 따라 말하고 쓴다.

- 말을 할 때에도 확신을 심어주거나, 선동을 하거나, 설득 또는 정보를 전달하는 등의 목적에 따라 그에 적절한 강약과 완급을 조절할 줄 안다.
- 사물에 대한 명칭을 부여하거나, 이름이나 장소를 잘 기억하고, 새로운 단어나 어휘 또는 외국어 학습 능력이 우수하다.

▶ 직업적 특성

언어지능은 시인, 작가, 기자, 저널리스트, 연사, 변호사, 방송 진행자, 정치가, 교강사, 사서가, 광고·홍보, 번역가 등의 직업군에 많다. 이들은 시, 소설, 수필, 연설문, 업무규정집, 단어 퍼즐, 극본, 토론, 잡지, 논문, 광고 등의 산물을 사회에 내놓는다.

(2) 논리·수리지능(Logical-Mathematical Intelligence)

논리·수리지능은 사물이나 개념을 논리적이고 과학적으로 이해하고 숫자를 효과적으로 사용할 수 있는 능력이다.

▶ 논리 · 수리지능의 일반적 특성
- 개념 내지 요소 간의 논리적 연계성 내지 인과법칙을 잘 이해하고 이를 적용하여 문제를 해결한다.
- 문제의 논리적 성격을 연역적 또는 귀납적으로 규명하며, 비판적이고 창의적으로 문제를 인식하고 해결하는 능력을 가지고

있다.

- "만약 …라면 ~일 것이다"는 인과관계를 추론하는 생각에 익숙하고 사건의 발생이나 기계의 작동원리에도 관심이 높다.
- 물리학이나 경제학에서의 각종 공식이 보여주듯 복잡한 현상을 아주 단순화시켜 그 현상의 구조 내지는 질서를 잘 잡아내고 간단한 수식으로 나타낸다.

▶ 직업적 특성

논리·수리지능이 뛰어난 사람들이 주로 두각을 나타내는 직업은 수학자, 회계사, 수리경제학자, 물리·화학·생물 등의 과학자, 프로그래머, 은행원, 컴퓨터전문가, 통계전문가, 변호사, 탐정·형사, 엔지니어 등이며, 이들의 주요 기여는 새로운 지식이나 이론을 발명하고 증명하는 것을 비롯해서 계량 자료의 수집 및 분석, 활동별 시간관리, 업무 프로세스 설계 등에서 나타난다.

(3) 공간지능(Spatial Intelligence)

공간지능은 아이디어를 머릿속에서 입체적·시각적으로 이해하고 구성하며 실제로 표현하는 능력이다.

▶ 공간지능의 일반적 특성
- 공간지능이 뛰어난 사람은 공간적 세계의 이해가 빠르다.

- 세세한 것까지 자세하게 관찰하며 만들기를 좋아한다.
- 색상, 선, 모양, 면과 이들 간의 관계를 잘 이해하고 이것을 그리기에 잘 활용한다.
- 장소에 대한 이미지와 세세한 부분, 특징을 잘 기억하여 다시 찾아간다.

▶ 직업적 특성

선박 항해사는 공간지능을 활용하는 대표적인 직업이다. 그들은 "특정한 별자리 밑을 통과하게 되면 그가 도달해야 되는 섬을 머릿속으로 정하고, 거기에 의해 항해를 얼마나 더 해야 하는지, 어디까지 왔는지, 또는 앞으로 어떻게 항로를 잡을 것인가를 계산한다. 항해자는 섬들을 전혀 볼 수 없고 대신에 항해를 위한 '머릿속의 그림'에 의하여 위치를 파악한다"고 한다(Gardner, 1983, 재인용, 46).

(4) 신체 · 동작지능(Bodily-Kinethetic Intelligence)

신체 · 동작지능은 몸을 움직이고 물건을 능숙하게 다루는 능력을 의미한다.

▶ 신체 · 동작지능의 일반적 특성
- 몸의 유연성이 좋고 근력, 순발력, 지구력, 균형 감각이 뛰어나 운동을 잘한다.

- 손동작이 무척 세련되다(외과수술 전문의, 조각가, 한복집 자수 장인 등).
- 자신의 생각이나 감정을 몸동작으로 연출하는 능력이 높다.
- 가만히 앉아서 생각하는 것보다 실제 몸을 움직이는 가운데 문제의 답을 떠올리는 편이다.

▶ 직업적 특성

무용가, 연극인, 안무가, 운동선수, 조각가, 공예가, 정형외과의사, 마술인, 곡예사, 에어로빅 강사, 드라마 코치 등의 직업에서 능력을 발휘하기에 적합하다. 이들은 운동경기, 조각, 춤, 무언극, 연주 포스터, 세공예품, 동상 등을 통해 그들의 가치를 인정받는다.

(5) 음악지능(Musical Intelligence)

음악을 가슴으로 좋아하고 머리로 이해하며 나아가 자기의 감정이나 생각을 음악을 통해 표현하는 능력이다.

▶ 음악지능의 일반적 특성
- 소리와 리듬에 대한 예민한 감각을 가지고 있고 움직임이 리드미컬하다.
- 멜로디로 스스로를 표현하는 능력이 탁월하다.
- 가락, 소리 등의 상징체계에 민감하며 이 분야 창조력이 높다.

- 음에 대한 지각, 변별, 변형, 표현 등으로 문제를 해결하는 능력
  이 있다.

▶ 직업적 특성

가수 이외에도 작곡가, 지휘자, 연주가, 음악비평가, 녹음 기술자, DJ, 음향 엔지니어 등의 직업을 가진 경우가 많다. 그들은 음악, 공연, 광고 로고송, 음반 제작 등을 통해 그들의 능력을 사회에 환원한다.

(6) 대인관계지능(Interpersonal Intelligence)

대인관계지능은 사람들의 감정, 의도, 생각 등을 잘 파악하고 이에 적절하게 대응하고 원만한 인간관계를 유지하는 능력을 말한다.

▶ 대인관계지능의 일반적 특성
- 사람의 동작이나 얼굴 표정, 목소리 등에서 상대방의 마음을
  잘 읽는다.
- 자신보다 다른 사람에게 더 관심이 많고 대인관계가 좋고 친구
  가 많으며 붙임성이 좋다.
- 사람에 대한 동정심이 강하고 이해해주며 또 설득력도 뛰어나
  다.
- 기본적으로 사람을 좋아하기 때문에 혼자서 일하기보다 여러
  사람과 함께 어울려 일하는 것을 선호한다.

▶ **직업적 특성**

방송 진행자, 강사를 비롯해서 간호사, 교사, 심리상담사, 사회복지사, 판매원, 코치, 비서, 바텐더, 배우, 간병인, 정치인, 전도사 등의 직업을 잘 소화할 수 있다.

(7) 자기지각지능(Intrapersonal Intelligence)

자신의 약점과 강점을 솔직하게 이해하고 삶의 목표를 끊임없이 탐구하는 능력이다.

▶ **자기지각지능의 일반적 특성**
- 자신의 욕구, 감정, 기분 상태를 잘 알고 이를 통제하는 능력이 강하다.
- 자기 자신을 느끼고 이해하는 데 예민하고 유능하다.
- 자기존중 욕구가 높고 남들과 다른 개성을 추구하는 성향이 강하다.
- 일기나 저널을 잘 쓰고, 자기개발 계획을 세워 꾸준히 노력하며, 경전 · 명상록 · 수필집 · 자기개발(Self-help) 관련 책을 많이 읽는다.

▶ **직업적 특성**
성직자, 소설가, 심리상담치료사, 철학자, 교사의 직업을 가진 사람이 특히 자기지각지능이 필요하다. 자서전, 시, 소설, 상담 등을 통해 이들 능력이 많은 사람들에게 영향을 미치게 된다.

(8) 자연친화지능(Naturalistic Intelligence)

자연친화지능은 동물, 식물, 기타 자연요소(날씨 등), 그리고 이들 간의 생태관계를 이해하고 아끼는 능력이다.

▶ 자연친화지능의 일반적 특성
- 동물이나 식물을 좋아하고 실제로 키우는 능력이 뛰어나다.
- 자연에 쉽게 감응하고 그 속에서 행복감을 맛본다.
- 자연계의 자원을 이용하는 지식과 능력이 뛰어나다.
- 자연환경에 적응하는 능력이 높다.

▶ 직업적 특성
자연친화지능이 높은 사람은 환경보호론자를 비롯해서 동식물 애호가, 조류학자, 농부, 정원관리사, 목장경영인, 동물사육사, 어부, 천문학자, 조경학자, 생물학자, 요리전문가, 삼림관리사, 애완동물 관리사, 기상전문가, 동물학자, 식물학자, 천체물리학자 등에서 많이 만날 수 있다.

6) '지식'을 넘은 '지혜'의 리더십

과학적 사고의 영향이 지배하는 현대에는 한 개인의 경험이나 의견은 개별적이고 주관적인 것으로 크게 신뢰하지 않는다. 눈으로 직접 확인하고 자료를 객관적으로 분석하여 나온 결과를 신뢰한다. 하지만 우리의 감각기관을 통해 들어온 정보가 항상 정확한 것은 아니다. 거기에다 사람이 어떠한 시각이나 관점을 갖고 그러한 사고 패턴을 일관되게 보이게 되면 사물, 사건, 사람을 보는 시각이 제한되기 마련이다. 오히려 전체적이고 정확하게 보지 못하는 위험을 안게 된다. 따라서 과학적으로 검증된 보편타당한 지식만이 중요한 것이 아니라, 순간적 직관이나 경험에 기반하여 사물, 사건, 사람을 정확하게 인지하고 판단하는 지혜가 필요함을 인식해야 한다.

리더는 분석과 증명 그리고 머릿속에 담고 있는 지식이 전부가 아님을 알아야 한다. 오히려 빈 머리에서 밝은 통찰력이 나온다. 어떤 지식의 틀에 짜인 머리가 아니라 그냥 맑은 상태를 유지하는 머리에서 사람, 사물, 사건, 생물, 무생물, 그 모두에 숨어 있는 유익한 메시지를 읽을 수 있는 능력이 나온다. 거기에 정신(spirit)이 접목되어 내가 필요한 메시지를 갖고 있는 사물, 사건, 사람과의 인연을 만나야 한다. 즉 자기성찰과 계발을 기반으로 다양성을 본연 그대로 이해하고자 할 때, 우리는 제한된 시각에서 벗어나 보다 전체적이고 창의적인 사고를 할 수 있게 된다.

다중지능 진단 설문: 당신의 지능 구성은?

지시문:

다음 각각의 문항에서 자신을 잘 묘사하고 있는 항목에 ○표를 하고 그렇지 못한 항목에 ×표를 하십시오. 가능한 표시하지 않는 항목이 없도록 하여 주십시오. 항목 안에 '…이거나'와 같이 여러 요소가 열거되어 있는 경우 그 중에 하나라도 자기에게 맞는 것이 있으면 ○표 하여 주십시오.

1. 나에게 시간적 여유가 있을 때 내가 주로 하는 일은?

① ____ 소설이나 시를 읽거나 단어게임(끝말 이어가기, 삼행시 짓기)을 즐긴다.

② ____ 논리적 사고를 요하는 퀴즈나 게임(바둑, 장기 등)을 즐긴다.

③ ____ 그림을 그리거나 그림 전시회에 간다.

④ ____ 음악을 듣거나, 악기를 켜거나, 음악회에 간다.

⑤ ____ 주로 밖에 나가(때로는 집에서) 운동을 한다.

⑥ ____ 정원을 가꾸거나 애완동물과 함께 지내거나 요리를 즐긴다.

⑦ ____ 친구들과 어울리고 함께 대화를 나눈다.

⑧ ____ 혼자서 조용히 나를 되돌아본다.

2. 나에게 돈이 생길 때 내가 사고 싶거나 하고 싶은 일은?

① ____ 책이나 잡지(과학, 수학, 탐정물 관련)

② ____ 그림, 그림 그리는 도구, 뮤직비디오, 조각그림 맞추기(jigsaw puzzle)

③ ____ 음악잡지, 음악 CD, 음악회 티켓, 악기

④ ____ 운동기구, 티켓(야구, 축구 경기 등), 스포츠 잡지

⑤ ____ 화분, 등산이나 캠핑 장비, 애완동물, 요리재료

⑥ ____ 친구를 불러내 커피숍이나 술집에서 대화

⑦ ____ 책(삶에 관한, 명상록, 자서전), 일기장

⑧ ____ 책이나 잡지(주로 소설, 시, 역사)

3. 나는 이런 것이 뛰어나다.

① ____ 사물이나 사건을 입체적으로 조망하고 도식적으로 이해하는 데 소질이 있다.

② ____ 노래를 들을 때 화음이 맞지 않는 음을 가려낼 수 있다.

③ ____ 뜨개질, 바느질, 공예, 종이 접기 등 손으로 만드는 것에 재주가 있다.

④ ____ 동물이나 식물을 보면 그것들의 특성을 파악하는 능력이 있다.

⑤ ____ 사람을 이해하고 모임을 주관하며 사람들 사이의 갈등을 잘 조정할 수 있다.

⑥ ____ 의미 있는 삶을 살기 위하여 지난 일을 반성하고 삶의 목표를 점검한다.

⑦ ____ 사람 이름, 장소, 전화번호, 남에게 들은 이야기, 책에서 읽은 내용을 잘 기억한다.

⑧ ____ 다른 사람이 말이나 글에서 논리적 결함을 찾아내는 데 능하다.

4. 내가 선호하는 것은?

①____ 공부할 때 조용한 것보다 음악을 틀어놓는 것이 더 좋다.

②____ 자유시간이 있으면 집이나 사무실 안에 가만히 있기보다 밖에 나가
움직이고 싶다.

③____ 여행 중에 박물관/전시관을 찾기보다는 산이나 바다로 나가 자연
을 감상하기를 좋아한다.

④____ 나에게 어떤 문제가 있으면 혼자 조용히 해결하기보다는 다른 사람
에게 물어보고 조언을 구하는 편이다.

⑤____ 주말은 사람이 많이 모이는 놀이공원보다는 산 속 한적한 곳에 있
는 휴식처에서 혼자 보내기를 더 좋아한다.

⑥____ 차를 운전하고 가는 중에 주위 경관보다 도로 표지판에 쓰여진 글
에 관심이 먼저 간다.

⑦____ 역사나 문학시간보다는 과학이나 수학시간이 좋다.

⑧____ 글만 있는 책을 읽는 것보다 그림이 많이 들어 있는 책을 보기를 더
좋아한다.

5. 나에게는 이런 일이 자주 있다.

①____ 다른 사람과 대화 중에 손이나 몸짓 등 제스처를 자주 쓴다.

②____ 자연을 파괴하는 내용의 뉴스를 보면 그런 일을 저지르는 사람에
분통이 터진다.

③____ 혼자서 심심하다 싶으면 친구를 연락하여 불러낸다.

④____ "나는 무엇일까" "이렇게 살아도 되는 것인가" 등의 생각에 사로잡
히곤 한다.

⑤____ 한 번 말을 꺼내면 시간 가는 줄 모르고 계속 하게 된다.

⑥____ "만약 이렇게 하면 어떻게 될까"와 같은 가상의 상태를 머릿속에 떠

올리곤 한다.

⑦____ 강의를 듣다가 나도 모르게 그림을 그리거나 글씨를 연습하고 있다.

⑧____ 길을 걷고 있는 중에 나도 모르게 음악 리듬에 맞추고 있는 자신을
보곤 한다.

6. 나의 취미생활 내지 특기는?

①____ 낚시, 사냥, 요리, 동물사육, 정원/화분/꽃 가꾸기

②____ 모임 주관, 참석, 사람들(친구들)과 어울리기

③____ 명상(참선), 혼자서 조용히 산보

④____ 독서, 십자퍼즐 풀기, 우리말 올바로 쓰기

⑤____ 실험, 탐정소설 읽기, 숫자 관련 업무(회계, 예산, 자료분석…)

⑥____ 그리기, 만들기, 전시회 가기, 그림 모으기

⑦____ CD/LP(음반) 모으기, 악기 모으기, 연주회 가기

⑧____ 운동(조깅, 헬스, 에어로빅, 테니스, 축구 등)

7. 나는 이런 사람이다.

①____ 붙임성이 좋다.

②____ "생각하는 사람"이다.

③____ 말재주가 좋다.

④____ 논리적이다.

⑤____ 길눈이 밝다.

⑥____ 소리/음에 뛰어난 감각을 가지고 있다.

⑦____ 동작이 민첩하다.

⑧____ 동/식물 애호가 내지 자연주의(산과 물을 좋아하고 아끼는)자이다.

8. 나는 이런 사람이다.

① ____ 내가 가지고 있는 장점과 단점에 대해서 아주 실제적으로 잘 파악하고 있다.

② ____ 책에서 읽거나 남에게 들은 글귀를 대화 중에 자주 인용하는 편이다.

③ ____ 필기구 없이 암산으로 어느 정도의 셈(가감승제)을 하는 데 자신 있다.

④ ____ 분해된 장난감이나 제품(전자, 조립가구)을 다시 잘 짜맞춘다.

⑤ ____ 한두 번 노래를 들은 후에는 그것을 쉽게 따라 한다.

⑥ ____ 어떤 기술을 배울 때 비디오를 보거나 매뉴얼을 읽는 것보다 실습이 나에게 더 효과적이다.

⑦ ____ 나는 동물과 식물을 포함하여 자연에서 인생의 많은 교훈을 읽는다.

⑧ ____ 여러 대중 속에 서기를 좋아하고 실제로 그런 가운데 자신감을 얻는다.

9. 나는 이런 사람이다.

① ____ 어려운 말 빨리 하기(내 콩깍지가 네 콩 깐 깍지냐…) 게임을 좋아한다.

② ____ 사건의 인과관계, 자연현상이나 사회현상의 규칙성을 찾으려고 노력한다.

③ ____ 나는 방의 공간 배치를 자주 바꾸고 그때마다 새로운 맛을 느낀다.

④ ____ 이 세상에 음악이 없다면 나의 인생은 훨씬 무미건조하였을 것이다.

⑤ ____ 걷거나 조깅을 하는 등 운동을 하는 중에 좋은 생각이 떠오르곤 한다.

⑥___ 환경을 개발하는 것 이상으로 환경을 보존하는 것이 중요하다고 생
　　　 각한다.

⑦___ 새로운 것을 배워서 다른 사람(들)에게 가르쳐 주기를 좋아한다.

⑧___ 나 자신을 알고 더 발전시켜 나가기 위해 상담이나 수련원에 참여
　　　 한 적이 있다.

설문결과 정리 및 분석:

앞의 설문 응답에서 ○표시와 ✕표시의 항목 번호를 확인하여 다
음 테이블에 O와 X를 표시하십시오. 그 다음에 각각의 개수를 세고
○의 개수에서 ✕의 개수를 빼고 그 숫자를 기록하여 주십시오. 마
이너스(-)가 나올 수도 있습니다.

설문번호									지능 분야	○의 개수(1)	✕의 개수(2)	평균점수
1	2	3	4	5	6	7	8	9				
①	⑧	⑦	⑥	⑤	④	③	②	①	언어지능			
②	①	⑧	⑦	⑥	⑤	④	③	②	논리·수리지능			
③	②	①	⑧	⑦	⑥	⑤	④	③	공간지능			
④	③	②	①	⑧	⑦	⑥	⑤	④	음악지능			
⑤	④	③	②	①	⑧	⑦	⑥	⑤	신체·동작지능			
⑥	⑤	④	③	②	①	⑧	⑦	⑥	자연친화지능			
⑦	⑥	⑤	④	③	②	①	⑧	⑦	대인관계지능			
⑧	⑦	⑥	⑤	④	③	②	①	⑧	자기지각지능			

3장

배려[仁]의 리더십

1

성균 리더의 배려, 인격의 사회적 확장

"외면과 내면이 적절하게 조화되어야 군자이다."

[文質彬彬, 然後君子] - 『논어』

성균 리더는 내면의 인격과 외면의 형식이 조화를 이룬 리더이다. 리더에게 끝없이 수신을 요구하는 것은 이 때문이다. 수신은 먼저 마음을 바르게 해야 하는[正心] 것에서 출발해야 하는데, 마음이 바르지 않거나 마음이 거기에 있지 않으면 바르게 듣거나 보지 못한다. 공자는 "마음이 없으면 보아도 보이지 않고, 들어도 들리지 않으며, 먹어도 그 맛을 모른다"[1]라고 했다. 즉 잘못된 판단을 함으로써 조직을 위험하게 할 수 있다는 것이다. 그 때문에 마음을 바르게 하는 것이 수신의 첫걸음이다. 그것을 위해서는 먼저 자기 스스로를 속이는 일이 없어야 한다. 간혹 국민을 공분시키는 일이 일어났을 때, 그 일의 중심에 있으면서도 회피하거나, 변명과 떠넘김과 발뺌으로 일관하고, 동정심을 유발하여 책임과 징벌에서 벗어나거나 범위를 축소시키는 경우가 있다. 그런 경우 표면적으로는 매우 근사

했지만 뚜껑을 열어보면 총체적 부실과 문제에 직면하게 되며, 조직 내부의 불신은 물론이고 조직 밖의 신뢰도 얻을 수 없는 상황에 이르러 결국 그 조직을 침몰시킨다. 따라서 리더는 수신을 통해 자신을 성찰하고 자기를 속이지 않는 무자기(無自欺)의 존재가 되어야 한다. 홀로 있을 때조차 신중하게 행동하여 어디에서든 부끄럼이 없는 신독(愼獨)의 리더가 될 때 자긍심을 지닐 수 있고, 어디에도 부끄러움이 없는 자존감 높은 존재가 될 수 있다. 인과 덕을 갖춘 리더의 품격은 리더 자신의 안팎이 바를 때 가능하다. 이것이 바로 사람다움을 갖추고 자기와 상대방, 자기와 세계와의 조화를 이룬 문질빈빈(文質彬彬)의 리더이며, 세상을 바르게 하고 올바로 다스릴 수 있는 리더이다.

내면을 가꾸는 것은 외형을 꾸미는 것에 비해 상대적으로 어려운 과정이다. 현대인들은 외형은 매우 화려하고 아름답지만, 내면이 그것을 따라가지 못한다. 따라서 지금의 우리들이 '문질빈빈'의 완성을 위해서는 '질(質)', 즉 인격 측면에 더 많은 노력을 기울여야 할 것으로 보인다. 『논어』에서도 "그림을 그리는 일은 흰 비단이 마련된 이후에 해야 한다"[2]라고 했다. 같은 그림이라도 그것을 흰 비단 위에 그리느냐, 아니면 신문지 위에 그리느냐에 따라서 훌륭한 작품이 될 수도 있고, 아무런 가치도 없는 낙서가 될 수도 있다. 외형이나 형식이 아무리 뛰어나더라도 내면이나 본질이 올바로 갖추어지지 않으면, 진정한 의미의 리더라고 할 수 없을 것이다.

사회생활을 하면서 이와 같은 문질빈빈의 인격을 갖추기란 결코 쉽지 않다. 인격에는 완성이라는 말이 있을 수 없기 때문에 남들과의 관계 속에서 자신의 잘못을 고쳐나가는 자기반성의 노력이 요구된다. "허물이 있으면 고치기를 꺼려하지 말라"[3]고 했다. 공자의 최고 제자인 안연이 그와 같은 높은 인격의 소유자가 될 수 있었던 것도 "허물을 두 번 되풀이하지 않았기"[4] 때문이다. 이처럼 평소 자신의 행동과 말을 조심하면서 주위 사람들의 조언이나 충고에 귀를 기울이는 노력이 필요하다. 따라서 율곡 이이는 인격의 완성을 위해 일상생활 속에서 다음과 같은 실질적인 노력을 강조한다. "사람들 중에 나를 헐뜯고 비방하는 자가 있으면 반드시 돌이켜 스스로 살펴야 하니, 만약 나에게 실제로 헐뜯음을 당할 만한 행실이 있었으면, 스스로 꾸짖고 안으로 따져서 허물을 고치기를 꺼려하지 말아야 한다. 만약 나의 잘못이 매우 미미한데 남이 거기에 더 보태서 말했다면, 그의 말이 비록 지나치더라도 나에게 실제로 헐뜯음을 받을 만한 싹과 맥이 있는 것이니, 또한 마땅히 이전의 잘못을 제거하여 털끝만큼도 남겨두지 말아야 할 것이다."[5]

이상과 같은 '문질빈빈'의 리더가 되어야만 비로소 남을 위한 진정한 배려가 가능하다. 만약 '문질빈빈'이 전제되지 않은 상태라면, 그것은 배려가 아니라 아부나 모종의 목적 달성을 위한 가식일 가능성이 크다. 이처럼 배려의 리더십을 발휘하는 것은 결코 쉬운 일이 아니다. 리더가 조직구성원들에게 배려를 베풀었을 때, 대부분의 경우 조직구성원들은 그 배려 속에 담긴 리더의 본의를 파악하려고 한다. 뭔가 이유가 있어서 리더가 자신들에게 잘해주는 것이라고 의

심하기 때문이다. 그만큼 리더의 배려를 조직구성원들이 자연스럽게 여길 만큼 되기까지는 리더 스스로의 부단한 노력이 선행되어야 하는 것이다.

2

현대 리더십과 리더의 배려

1) 리더의 감성적 공감

리더십은 리더와 조직구성원들 간의 상호작용을 기본으로 한다. 따라서 리더십을 통해 조직구성원들을 이끄는 데 있어서 상호관계를 성공적으로 유지하는 것은 매우 중요하다. 관계 형성에 초점을 둔 리더십 이론들은 리더의 마음을 리더십 발휘의 출발점으로 삼으며, 넓은 마음과 아량, 그리고 관대함에서 나오는 배려를 리더십의 중요한 구성 요소로 보고 있다. 블랜차드(Blanchard)는 "탁월한 리더십은 리더의 내면에서 시작되며, 자기 자신에 대한 이해를 통해 통찰력을 획득할 수 있다"라고 했고, 골먼(Goleman)도 '감성지능의 네 가지 차원과 그에 수반되는 능력'을 말하면서, '자기인식능력'과 '자기관리 능력', '사회적 인식능력', '관계관리 영역'을 제시했다. 그는 리더십의 핵심을 다음과 같이 말한다. "가장 중요한 시작은 자신의 감정을 인식하는 것이다. 자신의 내면에서 우러나는 감정이 커지는 것을 주목하고 왜 그런 감정이 생겨나는지, 어떻게 하면 건설적 조치를 취하게 되는지 알아야 한다. 그것을 통해 다른 사람의 마음속에서 무슨 일이 일어나고 있는지 알 수 있다. 결국 그렇게 되면 서로 감정적 주파수를 맞추어 공감대가 형성될 수 있다. 리더는 그러한 공감을 촉진할 수 있는 적절한 방향으로 조직을 이끌어 나가야 한다. 이것이 리더십의 핵심이다." 또한 그는 '사회적 인식능력'을 '감정이입의 능력', 즉 '다른 사람의 감정을 헤아리고 그들의 시각을 이해하며 그들의 생각에 적극적인 관심을 표명할 줄 아는 능력'이라고 규정하였다. 나아가 "사회적 인식능력, 특히 감정이입의 능력은 공감을 불러일으켜야 하는 리더의 과업에서 매우 중요한 것이다. 특정한 순간에 사람들이 느끼고 있는 것에 동조함으로써 리더가 그에 걸맞는 말과 행동을 할 수 있는 것이다. 이처럼 조직구성원들의 감정에 동조하는 리더는 그 집단을 이끌어 나갈 수 있는 공동의 가치관과 올바른 일의 순서를 파악할 수 있다"라고 주장한다. 결국 리더의 입장에서 조직구성원들의 생각이나 감정을 있는 그대로 이해하여 그들과 감정이입의 상태를 유지하는 것이 중요하다.

2) 현대의 배려 리더십 이론

현대적 리더십 이론에 따르면, 리더의 배려는 조직구성원들을 이해하고 관계를 유지하여 상호 시너지를 이끌어내고 지속적인 리더십으로 연계하는 데 있어서 중요한 역할을 한다. 여러 리더십 이론들에서 서로 공통적인 측면과 구별되는 측면에서 배려를 다루고 있는데, 이와 관련한 대표적인 리더십 이론들로는 감성 리더십, 변혁적 리더십, 서번트 리더십이 포함된다.

감성 리더십 이론에서는 조직구성원들의 감정을 인식하고 관리하며, 공감을 통한 긍정적 관계를 형성해 나가는 리더의 마음과 배려를 강조한다. 조직의 리더란 자기 자신을 올바르게 이해하고 감정을 관리할 뿐만 아니라, 조직구성원의 마음에 대한 이해 및 관계의 조화를 이루어 나가는 리더라는 관점이다. 실제적으로 리더십을 발휘할 때에 상대방의 마음을 읽고 올바른 관계 관리를 하지 못하면 그 영향력이 제대로 미치지 못하게 됨을 알 수 있다. 감성을 중요하게 여기는 리더들은 이해관계자들에게 부드럽고 친근한 표현과 이미지를 나타내며, 공감능력이 뛰어나고 감성에 민감하며, 상대방의 마음을 이해하는 데에 능숙하다. 공감을 하게 되면 이를 감지한 조직구성원들은 자신의 마음이 위로받았다는 생각을 하게 되며, 본인의 업무에 흔들림 없이 충실하게 집중할 수 있게 된다. 조직구성원들의 마음을 잘 관리하는 것은 조직의 분위기를 활성화시켜서 성과 향상에도 영향을 줄 수 있다.

리더의 배려는 평상시에도 필요하지만, 위기감이 극대화되고 변화가 심하게 일어나는 격변의 시기에 더욱 필요하다. 변혁적 리더십에서도 리더의 배려는 매우 중요한 요소로서 다루어지는데, 리더의 배려는 현재의 상태에서 더욱 발전된 미래의 모습을 위해서 지속적인 변화가 이루어질 필요가 있는 상황에서 조직구성원 개개인들을 보호해주고 동기부여시켜주는 중요한 수단으로 설명된다. 또한 이러한 리더의 진심 어린 배려는 조직구성원들에게 감동을 주며 정서적인 측면에서의 유대감을 강화시켜주고, 조직에의 몰입과 리더에 대한 충성심 제고 등의 효과를 제공해준다. 환경이 복잡하고 변화가 극심할 때는 조직구성원들이 느끼는 불확실성이 매우 커지게 되는데, 이런 상황이 되면 조직구성원들은 심적으로 정신적으로 누군가에게 의존하고 싶어 하는 경향이 커지게 된다. 이때 리더가 그 대상이 될 가능성이 높으며, 리더가 정신적인 구심점의 역할을 하고 조직구성원들을 챙기고 감싸주려고 하는 자상한 마음, 즉 배려심이 있다면 조직구성원들은 더욱 더 편안함을 느끼고 조직과 리더에 대한 일체감과 충성심을 높게 가지게 된다. 따라서 리더의 배려심은 변화의 시기에 더욱 중요한 요소가 될 수 있다.

서번트 리더십 이론에서도 리더의 배려를 리더십의 핵심적인 요소로 강조한다. 서번트 리더십은 그린리프(Greenleaf)에 의해 대중화되었는데, 그에 따르면 서번트 리더십은 타인에게 봉사하고 봉사를 최우선으로 하며, 봉사를 통해 타인들을 이끄는 것을 배우려고 하는 자연적인 감정으로부터 시작된다. 서번트 리더십은 조직을 구성하고 있는 조직구성원들의 성장과 개발, 그리고 전반적인 삶의 복지를 촉진시켜주고 지원해줌으로써 조직의 목표를 이루어낼 수 있다는 신념에 기반하고 있다. 이러한 봉사 실천과 도움 제공은 타인들의 필요와 욕구에 대한 경청과 공감으로부터 시작되며, 리더의 감성적 온전성이 무엇보다 중요한 역할을 하게 된다. 서번트 리더십 이론에서 리더는 조직구성원들 위에 군림하는 존재가 아니라, 조직구성원들이 자신들의 역할을 수행해 나감에 있어서 지원하고 봉사하는 존재로 인식된다.

따라서 리더가 자신의 본연의 역할을 올바르게 수행하기 위해서는 조직구성원들을 이해하고 배려하려는 따뜻한 마음을 갖는 것을 중요하게 생각한다. 리더의 배려심은 조직구성원들로 하여금 심리적 안정감을 더욱 더 느끼게 해주며, 소신껏 자신의 역할을 주도적으로 행할 수 있도록 하는 촉매제로서 작용하게 된다.

3

인격에 기반한 성균 리더의 배려

1) 인격 완성에 노력하라

인격의 완성은 한순간에 이루어지지 않는다. 그를 위해 리더는 타인의 마음을 헤아릴 줄 알아야 한다. 『대학』에서는 "군자는 혈구(絜矩)의 도가 있어야 한다"[6]라고 했다. 혈구의 도란 내 마음을 잣대로 타인의 마음을 헤아리는 것이다. 이것은 바로 유학의 황금률인 "자기가 하고 싶지 않은 것을 다른 사람이 하도록 하지 않는 것"을 가리킨다. 이를 바탕으로 늘 노력하는 자세가 필요하다. 『중용』에서는 "성실해지려고 하는 것은 인간의 도리"라고 규정하고, "다른 사람이 한 번 해서 잘하면 자신은 그것을 백 번 하고, 남들이 열 번 해서 잘하면 자신은 그것은 천 번 하라"라고 하여, 노력의 중요성을 강조했다.

특히 자기 혼자 있을 때에 더욱 경계하고 조심하는 자세가 필요하다. 성실하다는 것은 남들과의 관계 이전에 자기 스스로를 속이지 않는 것, 즉 무자기(無自欺)가 중요하기 때문이다. 그것이 바로 자기 혼자만이 알고 있는 상태에서 조심하고 또 조심하는 자세인 '신독(愼獨)'이다. 남들은 눈치를 채지 못하고 있지만, 자기 자신은 알거나 느낄 수 있는 상태가 있다. 지금 누군가와 일을 하거나 또는 자기 혼자서 무엇인가를 하고 있을 때, 자신이 진정으로 성실한지 아닌지, 다른 사람은 몰라도 자신은 알고 있다. 불성실함이 밖으로 드러나지는 않았지만, 스스로는 느낄 수 있는 그 순간이 바로 성실함과 불성실함의 경계이다. 바로 그 상태에서 정신을 집중하여 현실에 충실하게 대처하는 것이 성실해지려는 노력이다. 만약 그 순간에 자신을 다잡지 못하면, 불성실함의 상태로 떨어져 상대를 실망시키거나 일을 올바로 처리하지 못하게 된다. 결국 성실함이 바탕이 된 리더라야 조직구성원들을 감동시킬 수 있을 뿐만 아니라, 집단이나 조직의 근본을 확립하고 목표를 실현할 수 있는 토대를 확보할 수 있다.

2) 남의 입장에서 생각하라

리더십에 대한 다양한 정의가 있지만, 기본적으로 리더와 조직구성원 사이의 관계 양상에 주목한다는 점에서 "리더십은 타인에게 영향력을 미치는 과정"[7]이라는 정의는 공통으로 적용 가능하다. 리더의 영향력은 기본적으로 리더가 가진 권력으로부터 나온다. 전통적인 리더십 이론에서는 그러한 권력의 원천을 크게 직위권력 (position power)과 개인권력(personal power)으로 분류한다.[8] 이 중에서 조직구성원들에게 영향력을 미치는 주요 원천이 되는 것은 개인권력이다. 일정한 직위에 오르면 자연스럽게 확보되는 직위권력과는 달리, 개인권력은 리더의 끊임없는 노력이 뒷받침되어야 하며, 그것을 확보하기 위해 노력하는 과정에서 주위의 조직구성원들에게 강력한 영향력을 끼칠 수 있기 때문이다. 이와 같은 리더의 개인권력은 여러 가지 형태로 표출될 수 있는데, 동양적 리더십에서는 '인(仁)'이라는 개념이 가장 대표적으로 거론된다. '인'에 대한 개념 정의는 매우 다양한데, 그 중에서도 가장 대표적인 것이 '충서(忠恕)'이다.

> "공자가 말했다. '증삼아! 나의 도는 하나로 관통되었다.' 증자가 말했다. '예.' 공자가 나가자 문인들이 물었다. '무엇을 말하는 것입니까?' 증자가 말했다. '공자의 도는 충(忠)과 서(恕)일 뿐이다.'"[9]

'충'은 개인적인 측면에서 최선의 노력을 다한다는 점에서 셀프리더십의 영역에 속하고, '서'는 타인과의 관계에서 남을 배려하는 자세라는 점에서 관계리더십의 영역에 속한다. 두 가지 개념은 따로 독립된 개별의 영역이 아니라, 상호 불가분의 관계 속에서 영향을 주고받는다. 즉 자기 정체성이 확립되지 않은 상태에서의 배려는 진정성이 결여된 아부에 지나지 않을 가능성이 크고, 상대에 대한 배려가 결여된 상태에서의 정체성은 독선이나 아집으로 빠질 가능성이 크기 때문이다. 결국 배려 리더십에서 '서'를 다룰 경우, 셀프리더십의 '충'이 이미 전제된 상태에서의 '서'를 논의의 대상으로 삼는 것임을 반드시 기억할 필요가 있다.

> "자공이 물었다. '일생 동안 행할 만한 말 한 마디가 있겠습니까?' 공자가 말했다. '그것은 서(恕)일 것이다! 자기가 하고 싶지 않은 것을 다른 사람이 하도록 하지 말라."[10]

'자기가 하고 싶지 않은 것을 다른 사람이 하도록 하지 마라!' 너무나도 하찮게 보이는 이 법칙이 동양적 관계리더십, 그 중에서도 배려 리더십의 핵심 도리이다. 공자가 평생을 걸 정도로 가치가 있는 도리라고 말한 것에서 알 수 있듯이, 이 도리의 실천에는 많은 노력이 요구된다.

현대 리더십 이론에서는 대인관계에서의 배려행동(consideration)을 조직구성원에 대한 호의와 관심, 지지 등을 보여주는 자세로 규정한다.[11] 그런데 동양적 배려 리더십에서의 '서'는 여기에서 더 나아가 조직구성원의 입장에서 생각하고 행동하는 조직구성원 지향의 적극적인 자세를 요구한다. "자기가 서고 싶으면 남을 세워주고, 자기가 도달하고 싶으면 남을 도달시켜주어라!"[12] 단순한 호의와 관심의 차원을 넘어서, 내가 원하거나 하고 싶은 것을 포기하면서까지 조직구성원들이 원하는 것을 하도록 해주는 양보나 헌신의 자세가 필요하다.

이처럼 '서'는 그것의 실천이 어려울 뿐만 아니라, 상대에 대한 최고의 예우로 여겨지기 때문에 배려 리더십에서 추구하는 최상의 가치라고 할 수 있다. 리더가 만약 조직에서 '서'를 실천할 수 있다면, 그로 인한 파급력은 상당히 클 것으로 예상할 수 있다. 조직구성원들은 자신들이 하고 싶지 않은 일을 리더가 대신하고, 자신들이 하고 싶은 일을 적극 권장하는 리더의 모습에서 이상적인 리더의 모습을 발견하고, 그 리더를 진정으로 존경하고 따르게 된다. 따라서 '타인에게 영향력을 미치는 과정'이라는 리더십의 정의는 배려 리더십의 '서'를 통해서 자연스럽게 실현될 수 있을 것이다.

성균 배려 리더십의 현장

1) 성균 선배의 배려를 배우다:
퇴계 이황(李滉, 1501~1570)

성리학의 완성자, 동방의 주자(朱子), 이부자(李夫子)라는 별칭을 지닌 퇴계의 위대함은 어디에 있을까? 그것은 바로 그가 '진정한 인간되기'를 추구한 데 있다. 오늘날 세계의 지성들이 퇴계를 주시하는 것도 그 때문이다. 그는 인간에 주목했고 인간의 마음을 강조했다. 즉 인간이 타고난 본성을 어떻게 현실에서 구현할 수 있는가를 통찰한 것이다.

조선 중기의 문신인 퇴계는 정치가요 학자요 교육자이며 시인이었다. 1501년 경북 안동에서 이식의 7남 1녀 중 막내아들로 태어난 퇴계는 7개월 만에 아버지를 여의었다. 하지만 어머니 박씨의 사랑과 교육을 먹고 자라 성리학의 최고봉이며 조선 최고의 지성이 되었다. 퇴계의 자는 경호(景浩)이며, 호는 퇴은(退隱)·퇴계(退溪)·퇴도(退陶)·청량산인(淸凉山人) 등이고, 시호는 문순(文純), 별칭은 이자(李子)이다.

퇴계가 8세 때 형 이징이 칼에 손을 베인 적이 있었다. 그 모습을 본 퇴계가 통곡하자 어머니가 어찌 그리 우냐고 물었다. 퇴계는 "저렇게 피가 나는데 어찌 아프지 않겠습니까?"라고 대답했다. 어린 나이임에도 타인의 아픔에 공감했던 퇴계였다. 어려서 서당에서 한학을 수학하던 퇴계는 12세에 숙부인 송재 이우에게 『논어』를 배웠고, 20세 무렵 『주역』에 심취했다. 중종 23년인 28세에 소과에 합격하고 성균관에 들어가 성균관 유생이 되었고, 34세에 문과에 급제했다. 그후 사가독서(賜暇讀書)에 임명되었고, 성균관 사성, 홍문관 교리와 전한 등을 역임했는데, 그 과정 중 사직하기도 하고 파직을 당하기도 했다. 그후로도 퇴계는 계속 조정의 부름을 받지만 벼슬에 뜻을 두지 않고 학문에 몰두했다. 어쩔 수 없이 관직을 맡을 경우에도 외직을 자청하여 서원(書院)을 지원했고, 향약과 주자가례의 장려와 보급에 힘을 쏟았다. 풍기군수 시절에는 명종의 친필 사액을 받아 백운동서원을 소수서원으로 만듦으로써 사액서원의 모범을 보여주기도 했다. 1560년 고향인 토계동에 도산서당을 짓고 주로 서당에서 독서와 학문 연구, 저술에 몰두하면서 자신을 닦고 후학들을 지도했다. 사망 때까지 예조판서·대제학·판중추 겸 지경연사 등 140여 직종에 임명되었으나, 병을 핑계로 79번을 사퇴했다. 저술로는 『무진육조소』, 『성학십도』 등이 있다.

명종 사후 선조가 즉위하여 행장수찬청당상경(行狀修撰廳堂上卿) 및 예조판서에 임명했을 때도 사양하고 귀향했다. 하지만 계속되는 출사 요구에 『성학십도』를 지어 왕에게 올려 성리학이 국가이념임을 밝혔다. 그뿐 아니라 아녀자도 쉽게 이해할 수 있도록 언문으로 번역한 『성학십도』를 인쇄하여 간행하고 배포하기도 했다.

당대 최고의 이론가였던 퇴계는 제자들과 토론을 즐겼다. 또한 문하생을 받아들일 때 사람 됨됨이를 알아보고자 다양한 시험을 하기도 했다. 예를 들어 한여름 삼복더위에 의관을 정제하고 앉게 한 다음 문답을 했는데, 더위를 견디지 못해 옷을 벗어버리는 사람과 끝까지 참아내는 사람 중 옷을 벗어버리는 사람을 제자로 받아들였다고 한다. 끝까지 참아내는 사람의 신념은 높이 사지만, 이렇게 강인한 성격을 가진 자가 높은 벼슬을 할 경우 자신의 그릇된 신념으로 백성들을 고달프게 할 것이라는 게 퇴계의 생각이었다.

이처럼 퇴계가 중시한 것은 '인간다움'이었다. 인간을 주목했고 인간의 마음을 강조함으로써 인간이 타고난 본성을 어떻게 현실에서 구현할 수 있는지를 통찰하고자 했다. 그는 정치, 경제, 사회문제의 최종 원인은 바로 인간의 마음에 있다고 보았다. 특히 진리는 평범한 일상생활에 있기에 지와 행이 함께 나아가야 함을 주장했다[지행병진(知行竝進)]. 그에 대한 노력으로서 '경(敬)'이 있음을 천명하고 '경에 머문다'는 거경(居敬)을 중심으로 평생 경을 실천했다.

"경이라는 것은 철두철미한 것이기 때문에 진실로 경을 유지하는 방법을 알면 이치가 밝혀지고 마음이 안정된다. 이것으로 사물의 이치를 탐구하면 사물이 내 마음의 거울을 피할 수 없고, 이것으로 일에 대처하면 일이 마음에 누를 끼치지 않는다."[13]

경은 마음을 한 곳에 집중하여 외부의 어떠한 영향에도 흔들리지 않는 마음의 상태를 의미한다. 현실의 어떠한 사태의 변화에도 자기 중심을 확립한 채 군건하게 의지대로 실천할 수 있는 최상의 마음 상태인 것이다. 이와 같이 안과 밖으로 몸과 마음을 철저하게 단속하고, 항상 의식이 깨어 있는 상태를 유지해야만 자신이 추구하는 하나의 목표나 지향을 향하여 매진할 수 있다. 즉 '경'의 실천은 곧 자기의 완성이면서 타인이나 사회관계 속에서 모든 일을 순조롭게 처리할 수 있는 최고의 조건인 것이다.

퇴계의 문하생 중에는 양반뿐 아니라 상민의 자제들도 있었다. 소수서원에서 성리학을 강학할 때 대장장이 배점이 배우기를 청하자 이를 허락한 것은 유명하다. 퇴계 서거 후 배점은 상복을 입고 소식(素食)을 하며 심상(心喪) 3년을 지냈다. 퇴계는 노비에게도 같은 마음을 베풀었다. 서울에서 사랑하는 손자 안도가 증손자를 낳았을 때 퇴계는 크게 기뻐했다. 하지만 젖이 부족하자 마침 퇴계의 집안에서 출산을 한 노비가 있어 그녀를 보내줄 것을 요청했다. 집안에서는 그녀를 보낼 준비를 했지만 이를 안 퇴계는 "내 자식 살리자고 남의 자식 죽일 수는 없다"며 그녀를 보내지 않았다. 안타깝게도 증손자는 젖 부족으로 사망하고 말았다. 이처럼 퇴계에게는 반상의 구별도, 나와 너의 구별도 없었다. 다만 사람만이 있을 뿐이었다. 둘째 아들이 일찍 요절하자, 정혼한 지 일 년도 안 된 둘째 며느리를 몰래 친정으로 돌려보내 개가할 수 있도록 길을 열어주기도 했다. 이러한 퇴계에 대해 큰며느리는 죽어서도 시아버지를 모시고 싶다는 유언을 남겼다. 퇴계의 묘소 아래에 큰며느리 봉화 금씨의 무덤이 있는 것은 이 때문이다.

그런가 하면 기대승과 8년간 이어진 사단칠정(四端七情) 논쟁도 유명하다. 사단칠정 논쟁은 1559년 퇴계보다 26세 어린 성균관 유생 고봉 기대승이 퇴계의 이론에 정면으로 문제제기를 하면서 시작되었다. 퇴계는 고봉의 문제제기에 성실하게 답변하면서 그와의 논쟁에 임했다. 그리고 자신의 잘못을 발견하면 고치곤 했다. 이외에도 기대승과 주고받은 편지가 100여 통이 넘는데, 자신보다 어린 제자임에도 공경하는 모습을 보인 스승이었다. 그뿐 아니다. 미물에까지 마음을 주었다. 특히 퇴계의 매화사랑은 유명한데, 몸이 아프면 방에 두었던 매화를 다른 방으로 옮겨서 매화의 건강까지 배려하고 신경을 썼다. 마지막 유언도 "저 나무에 물을 주어라"라는 말이었다고 하니 퇴계의 인(仁)을 엿볼 수 있다.

이후 그의 학문은 일본에도 영향을 미쳤다. 임진왜란 당시 일본군에게 약탈당한 그의 저서와 작품, 서한 등이 일본의 성리학 발전에 영향을 주었고, 메이지 시대 교육정책의 기본정신을 형성하는 데 기여했다.

2) 성균 배려 리더를 만나다:
간송 전형필(全鎣弼, 1906~1962)

나지막하면서도 거대하게 곡선을 이루며 동대문에 누워 있는 새로운 공간인 DDP(동대문 디자인 플라자)에서 2014년 3월부터 6월 중순까지 반가운 전시회가 열렸다. 긴 건물 못지않게 길게 줄을 선 관람객들의 얼굴엔 상기된 빛이 어려 있었다. 그들이 기다린 것은 바로 '간송 미술전'이다. 일제강점기라는 역사의 어둠을 살았던 간송은 열정과 신념으로 질곡과 굴곡의 역사 속에서 우리의 문화유산을 지켜낸 인물이다. 성북동의 간송미술관에서 1년에 두 번씩 공개되던 귀한 문화재가 최초로 외부로 나들이 나와 DDP 전시관에서 열리면서 좀더 쉽게 과거로의 여행을 할 수 있게 된 것이다.

사람들은 그를 문화지킴이, 문화로 나라를 지킨 진정한 리더라고 부른다. 그는 나라를 잃고 정신마저 빼앗긴 시대에 아무도 눈여겨보지 않아 쉽게 유출되는 문화재를 온몸으로 지키고 민족혼을 지켰다. 그 때문에 그는 주위로부터 이해받지 못했고 손가락질을 당했다. "바보 같은 남자", "땅을 팔아 사기그릇을 사는 어리석은 부잣집 도련님", "집안 말아먹을 철부지"가 그의 별칭이었다. 모두들 그를 어리석은 자라고 비웃었다. 바로 전형필이다.

전형필의 본관은 정선(旌善), 자는 천뢰(天賚), 호는 간송(澗松)·지산(芝山)·취설재(翠雪齋)이다. 간송은 스승인 위창 오세창이 지어준 아호로 '산골짜기에서 흐르는 맑은 물과 사시사철 푸른 소나무'라는 뜻을 지녔다. 그는 1906년 서울 종로구의 대부호인 부친 전영기와 모친 박씨 사이에서 태어났다. 휘문고등보통학교를 나와 일본 와세다(早稻田)대학 법학과를 졸업한 그는 일본에 의해 문화재가 반출되는 것을 막고자 일생과 재산을 바쳤다.

1929년 24세에 전씨 집안의 상속자가 된 그는 엄청난 유산을 상속받아 10만석지기의 부자가 되었다. 그는 당시 서울의 3대 부자로 꼽혔다. 하지만 다른 부자들과 달리 그 많은 재산을 문화재 수집에 바쳤다. '문화로 나라를 지킨다'라는 문화보국의 신념을 지녔기에 가능했고, 언젠가 독립할 것을 믿었기에 할 수 있었다. 간송은 휘문고등보통학교 시절 스승인 고희동과 독립운동가이자 서예가이며 고서화 감식가였던 오세창의 지도로 문화재에 관심을 가지고 수집하게 되었다. 그가 보유한 문화재는 국보 12점, 보물 10점, 서울시 지정문화재 4점 등 5,000여 점이나 된다.

"간송의 수집품을 거론하지 않고는 제대로 된 한국 미술사를 논할 수 없다"라고 평가받고 있는 그는 굳건한 신념을 가지고 『훈민정음』해례본, 신윤복의 「미인도」, 정선의 「금강내산」 등의 작품을 지켰다. 특히 『훈민정음』해례본은 간송이 없었다면 세상에 존재하기 어려웠다. 해례본이 일제강점기를 지나 6·25 전쟁까지 견뎌낸 것은 오로지 간송의 공이었다. 간송은 해례본을 지키기 위해 낮에는 가슴에 품고 다니고, 밤에는 베개 삼아 베고 자며 한순간도 몸에서 떼지 않았다고 한다. 그가 해례본을 발견했을 때는 조선어학회 사건(1942년)으로 한글학자들이 모두 구속되고, 한글 탄압정책이 이루어지던 시대였다. 『훈민정음』 해례본을 소장했던 사람은 그 당시 기와집 한 채 값인 천 원에 팔려 했지만, 간송은 "이런 보물 중의 보물을 집 한 채 값만 줄 수 없다"며 책의 주인에게 만 원을, 중개인에게는 수고비로 천 원을 건넸다. 『훈민정음』 해례본에는 제자원리가 들어 있다. 한글의 창제원리를 통해 한글이 과학적이고 독창적인 글임을 알 수 있게 되었다. 해례본이 발견되기 전에는 한글을 만든 원리를 알지 못해 창호지 문살을 보고 만들었다는 낭설이 정설처럼 떠돌기도 했다.

그뿐 아니다. 영국인 국제변호사인 존 가스비(John Gadsby)가 한국을 떠날 때 논 1만 마지기를 팔아 기와집 400여 채에 달하는 금액을 지불하고 고려청자 22점을 구입했다. 일본 도쿄에 주재했던 가스비는 돈이 생기면 고려청자를 구입했다고 한다. 그 소식을 들은 간송은 도쿄까지 가서 그를 설득했다. "선생이 수집한 고려청자는 반드시 조선 사람의 손에 있어야 한다. 그 대신 가격은 부르는 대로 주겠다." 간송의 설득에 가스비는 소장품 일체를 넘겨주었다. 이 가운데 4점은 국보로, 3점은 보물로 지정되었다.

이처럼 그는 문화재를 구입할 때 돈을 아끼지 않고 부르는 대로 다 주었기 때문에 중개상들이 귀중한 물건을 발견하면 가장 먼저 간송에게 가지고 왔다고 한다. 심사정(沈師正, 1707~1769)의 「촉잔도권(蜀棧圖卷)」의 경우, 당시 서울의 큰 기와집 5채 값을 주고 구입한 것이다. 이를 수리하기 위해 일본 교토의 전문가에게 지불한 비용 역시 기와집 6채 값이었다고 한다.

1934년 간송은 성북동에 북단장(北壇莊)을 개설하여 본격적으로 서화작품과 조선자기·고려청자 등 골동품과 문화재를 수집했다. 1938년에는 '빛나는 보배를 모아두는 집'이라는 의미의 한국 최초의 사립박물관인 보화각(保華閣)을 북단장 내에 개설하여 일본인 수장가에게 흘러들어가는 문화재를 찾아 수집·보존하는 데 힘썼다. 그의 수장품은 대부분 국보 및 보물급의 문화재로, 김정희·정선·신윤복·심사정·김홍도·장승업 등의 회화작품과 서예 및 자기류·불상·석불·서적에 이르기까지 한국 미술사 연구에 귀중한 자료이다. 특히 겸재 정선의 42첩의 화첩을 구입했는데, 그가 수집한 정선의 작품은 국립중앙박물관보다 많은 200여 점에 이른다. 조선 후기의 대표적 화가인 심사정과 단원 김홍도, 혜원 신윤복, 서화가 추사 김정희의 작품을 만날 수 있는 것도 간송 덕분이다. 특히 야마나카 상회 오사카 지점에 신윤복의 풍속화첩이 있다는 말을 듣고는 몇 번을 찾아가서 신윤복의 그림이 대부분 수록되어 있는 풍속화첩을 양도받기도 했다.

1940년대에는 보성고등보통학교를 인수하여 육영사업에 힘썼고, 8·15 해방 후 문화재보존위원으로 고적 보존에 주력했으며, 6·25 전쟁 후인 1954년에는 문화재 보존위원이 되었다. 1960년에는 김상기·김원룡·최순우·진홍섭·황수영 등과 함께 한국 최초의 미술사학회인 고고미술 동호회를 결성하고 동인지 〈고고미술(考古美術)〉 발간에 참여했다. 문화재를 지키고 보존하는 것을 평생의 업으로 삼은 것이다.

간송은 충분히 안락한 삶을 살 수 있는 재물과 모든 것이 갖춰져 있었다. 하지만 그가 중시한 것은 개인의 이(利)가 아닌 올바름, 즉 의(義)였다. 나라를 잃었다고 정신마저 잃어버린다면 그것으로 끝이다. 비록 나라는 잃었지만 정신과 얼을 지키고 옳음을 위해 자신을 던진다면 언젠가 나라를 되찾게 될 때 부끄럽지 않은 어른이 될 수 있다. 한국 미술사의 큰 줄기인 간송에게는 부자로서의 도리와 어른다움, "이익을 보면 의로운지를 생각하라"라는 견리사의(見利思義)의 정신이 있었다. 그것이 문화재와 민족의 자존심을 지킬 수 있었던 힘이었다. "어떤 대가를 치르더라도 조금도 아깝지 않다"는 그의 말은 그가 중심에 무엇을 두었는지를 보여주는 대목이다. 그가 세상을 떠났을 때 가족에게는 엄청난 빚이 남았다고 한다.

그가 지켜낸 우리의 문화, 이제 우리가 보존해야 할 차례다.

5

배려 리더십의 현대적 적용:
성격 유형의 진단 및 개발

　진단의 중요성은 종합건강진단을 생각하면 쉽게 이해할 수 있다. 가령 어떤 사람이 종합검진을 받았을 경우, 그 사람은 진단의 결과로 자신의 건강에 대한 일체의 정보를 알게 된다. 혈압, 혈당, 체지방 등의 정보는 진단을 받는 사람에게 자신의 건강에 대한 피드백을 제공해준다. 이러한 진단결과는 그 사람의 행동 변화에 결정적인 작용을 하게 된다. 예를 들어 한 흡연자의 X-ray 결과가 폐 한쪽 부분이 까맣게 나왔다면 이 사람은 의사의 조언이 아니더라도 그날부터 금연을 시작하거나 담배량을 줄일 것이다. 또한 혈중 콜레스테롤 수치가 높게 나왔다면 콜레스테롤이 많이 들어 있는 육류, 버터, 크림 등과 같은 음식을 피할 것이다. 이와 같이 건강진단 정보는 사람들 스스로 자기 건강을 관리하도록 만든다.

　마찬가지로 자신의 성격에 대해 진단을 하고 성격에 대한 정보를 얻는 것은 자신의 성격을 스스로 관리해 나갈 수 있는 출발점이 된다. 집을 나서기 전에 거울 앞에서 자신의 모습을 비춰보는 것도 사실은 자신의 겉모습을 진단하는 것이다. 머리카락이 흐트러져 있으면 다시 빗질을 해서 단정하게 하고, 단추가 잠겨 있지 않으면 단추를 잠그는 행위 역시 나의 겉모습을 진단하고 이를 관리하는 것이라 할 수 있다. 이러한 겉모습은 혹시 내가 관리하지 못했더라도 다른 사람들이 보고 쉽게 말해줄 수 있다. 하지만 우리의 성격과 인격은 다른 사람들이 한번 보고 쉽게 이야기해줄 수 있는 것이 아니다. 또한 이야기를 해준다 할지라도 그 말을 듣고 쉽게 수긍할 수 있는 것도 아니다.

이러한 이유로 개인의 성격과 인격은 스스로 점검하고 관리하는 것이 그 어느 영역보다 중요하다. 개인의 성격에 대한 진단을 통해 자신에 대해 이해하게 되면, 그때부터는 자신의 성격을 점검할 수 있는 거울이 하나 생기는 것과 같다. 사람들과의 관계에서, 또 자신의 행동과 느끼는 감정에 대해 수시로 나타나는 자신의 모습을 그때그때 비추어볼 수 있는 거울 말이다. '아 내가 이런 성격 유형이다 보니 이렇게 대응했구나!' 하는 식으로 자신에 대한 피드백 루프(loop)가 하나 생기는 것이다. 수기 리더십, 즉 셀프리더십에 관심을 가진 상태에서 나의 성격을 비추어볼 수 있는 거울이 생기면, 이를 통해 자신의 생각이나 행동 중 남에게 부끄럽고 부담이 되는 부분이 먼저 보이게 된다. 이러한 피드백은 나의 성격과 인격이 모나지 않고 균형을 유지하며 건전하게 관리되도록 개인의 노력을 유도할 수 있다.

개인의 성격진단 도구로 보편적으로 사용되고 있는 것으로는 MBTI와 에니어그램 등이 있다. 여기에서는 이들의 각 검사에 대한 소개와 특징 정도를 다루도록 한다.

1) MBTI 주요 특성

MBTI(Myers Briggs Type Indicator)는 아마추어 문학가였던 캐서린 브릭스(Katharine Briggs)가 자신의 전기집을 준비하면서 자신의 성격 원형이 무엇인가 고민하던 중, 융(Carl Jung)의 심리유형론을 접하게 되면서 이를 근거로 자신의 딸인 이사벨 마이어스(Isabel Myers)와 함께 개발한 성격 유형 검사이다.

브릭스와 마이어스는 건강한 성격에서의 개인차를 이해하고 인정함으로써 개인이 성장할 수 있으며, 다양한 집단의 조화와 효율성을 높이는 데 이러한 검사가 사용될 수 있을 것이라고 보았다. MBTI는 현재 전 세계에서 가장 보편적으로 사용되고 있는 성격 유형 검사이다.

MBTI는 그림에서 보는 바와 같이 4가지 선호경향, 즉 에너지 방향, 인식기능(정보수집), 판단기능(판단, 결정), 생활양식으로 구성되어 있다. 선호경향이란 교육이나 환경의 영향을 받기 이전에 인간에게 잠재되어 있는 선천적 심리 경향을 의미하며, 각 개인은 자신의 기

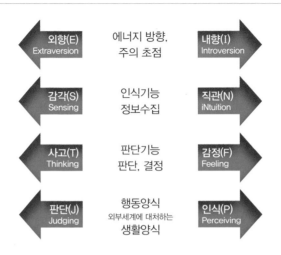

외향(E) Extraversion	에너지 방향, 주의 초점	내향(I) Introversion
감각(S) Sensing	인식기능 정보수집	직관(N) iNtuition
사고(T) Thinking	판단기능 판단, 결정	감정(F) Feeling
판단(J) Judging	행동양식 외부세계에 대처하는 생활양식	인식(P) Perceiving

〈그림 4〉 MBTI 4가지 선호경향

질과 성향에 따라 4가지 양극지표에 따라 둘 중 하나의 범주에 속한
다고 본다(각 지표에 대한 설명은 〈부록 2〉를 참고).

2) Enneagram 주요 특성

에니어그램(Enneagram)이란 그리스어로 아홉을 의미하는 Ennea
와 점 내지는 모양을 의미하는 grammos의 합성어로, 다음의 그림
과 같이 성격 유형을 9개로 나누고, 그 9개를 하나의 원상에 점으로
표시해서 그린 그림이다.

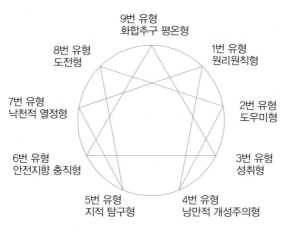

9번 유형
화합추구 평온형

8번 유형
도전형

1번 유형
원리원칙형

7번 유형
낙천적 열정형

2번 유형
도우미형

6번 유형
안전지향 충직형

3번 유형
성취형

5번 유형
지적 탐구형

4번 유형
낭만적 개성주의형

〈**그림 5**〉 에니어그램

9개의 성격 유형은 1번에서 9번까지 번호를 부여하는데, 이것은 단지 숫자일 뿐 중요함이나 등수를 의미하는 것은 아니다. 9개의 성격 유형은 색깔로 비유하면 원색이 아니라 여러 색의 혼합 색이라 할 수 있다. 즉 모든 사람은 9개의 색(성격적인 요소)을 모두 가지고 있지만, 어느 한 색(한 유형)이 보다 진하고 두드러지게 나타나는 형태이다. 따라서 진단 결과 어떤 사람이 1번 원리원칙형이 나왔다 하여 다른 유형의 특성을 전혀 가지지 않고 오직 1번 유형의 특성만 가졌다고 할 수 없다는 것이다.

9가지의 유형 사이에는 서로 좋고 나쁨, 우열이 없지만, 동일한 유형 안에서는 좋고 나쁨, 우열이 존재한다. 마치 신체적으로도 건강한 사람이 있고 병을 앓고 있는 사람이 있듯이, 성격에도 건전하고 성숙한 사람이 있는가 하면 불건전하고 심지어 장애를 가진 사람도 있다. 사과와 배의 우열을 가리는 것은 어렵기도 하고 별 의미가 없기도 하지만, 같은 종의 과일에서는 엄연히 우열, 즉 좋은 사과나 썩은 사과처럼 좋고 나쁨이 있는 것과 같다.

일반적으로 외부세계를 있는 그대로 널리 수용하는 성격을 건전하다고 말하고, 그와 반대로 자신의 문을 폐쇄시켜 다른 외부세계를 받아들이지 않고 완고하고 소외된 성격을 불건전하다고 말한다. 즉 에니어그램의 9개의 성격 유형은 각 유형별로 건전도에 따라 '건전-보통-불건전'으로 차원이 나뉜다. 다음(《부록 3》)에 첨부된 각 유형에 대한 설명은 보통 수준을 기준으로 설명한 것이다.

3) 균형 잡힌 건전한 자아

성격진단을 하는 것은 이를 통해 자신을 파악하고 균형감각을 갖춘 건전한, 성숙한 자아와 인격을 개발하는 것이다. 자신 또는 타인의 성격을 '무슨 유형, 몇 번 유형이다'라고 분류하고, 이 틀에서 그 개인을 해석하고자 하는 것이 아니라 유형을 통해 나와 타인을 이해하는 데 도움이 되고자 하는 것이다. 즉 유형화가 목적이 아니라 자신의 성격과 인격을 보다 건전하게 이끌어 자기완성을 위한 과정에서 하나의 수단으로 사용하는 것뿐이다. 따라서 성격진단과 유형화로 한 개인을 그 성격 유형의 상자에 집어넣어 오히려 많은 부분을 제약하고 편견을 갖지 않도록 해야 한다.

또한 사회구성원으로서 건전한 성격의 완성과 자아 개발은 타인에 대해 열린 마음을 가지고, 좀 더 융통성 있는 상태로 나에 대한 적절한 공개와 타인을 이해하고 받아들이는 폭이 넓은 사람이 됨을 의미한다. 이러한 상태는 나에 대한 이해와 더불어 타인에 대한 이해가 함께 이루어져야 하는 것이며, 이를 통해 학교생활과 사회, 조직생활에서도 타인과 관계를 맺고 협업을 하는 데 있어 큰 도움이 될 수 있을 것이다.

리더십, 성균에 길이 있다

MBTI 4가지 양극지표의 특성

1. 에너지 방향

외향(E)	내향(I)
주의 집중 - 자기 외부	주의 집중 - 자기 내부
외부 활동과 적극성	내부 활동과 집중력
폭넓은 대인관계 (다수)	깊이 있는 대인관계 (소수)
말로 표현	글로 표현
소모에 의한 에너지 충전	비축에 의한 에너지 충전
사교성, 인사	자기 공간
여러 사람과 동시에 대화	1:1의 대화
정열적, 활동적	조용하고 신중
경험한 다음에 이해	이해한 다음에 경험
쉽게 알려짐	서서히 알려짐

2. 인식기능(정보수집)

감각(S)	직관(N)
오감(五感) 중시	육감(六感), 예감 중시
주의초점 - 지금, 현재	주의초점 - 미래, 가능성
실제의 경험	아이디어
사실적이고 구체적	상상적이고 영감적
정확한 것에 가치를 두고 꼼꼼	통찰(insight)에 가치를 두고 유추
현실 수용	미래 지향
정확한 일 처리	신속한 일 처리
나무를 보려는 경향	숲을 보려는 경향
실제로 적용해보거나 결과를 원함	추가적인 방법, 새로운 가능성 탐색
가꾸고 따름	씨 뿌림

3. 판단기능(판단, 결정)

사고(T)	감정(F)
관심의 주제 – 사실, 진실	관심의 주제 – 사람, 관계
객관적 진실	보편적 선
원리와 원칙	의미와 영향
논리적	상황적
분석적	포괄적
간단명료한 설명	정상을 참작한 설명
지적 논평을 선호	우호적 협조 선호
원인과 결과가 중요	좋다, 나쁘다가 중요
규범과 기준을 중시	나에게 주는 의미 중시

4. 생활양식

판단(J)	인식(P)
체계적	자율적
정리정돈과 계획	상황에 맞추는 개방성
의지적 추진	이해로 수용
신속한 결론	유유자적한 과정
시작과 끝 분명, 한 가지 일 마치고 다음 일 시작	시작과 끝 모름, 한 가지 일을 하다가 다른 일이 생기면 금방 적응
통제와 조정	융통과 적응
분명한 목적의식	목적과 방향의 변화
분명한 방향감각	환경 변화에 따른 변화
뚜렷한 기준과 자기 의사	결론보다는 과정을 즐김

Enneagram 9개 성격 유형의 특성

1. 원리원칙형의 일반적인 특성

- 원리원칙, 규칙 준수, 주관 분명
- 완벽주의
- 내면의 심판관 – 자기경책(자신에 엄격)
- 감성보다 이성(합리적)

  주관적 < 객관적
- 완고함, 독단, 부정적 시각, 지적
- 이상적 가치(윤리, 도덕) 추구
- 근원적 동기

  : 흠이 있으면 안 돼. 나의 신념, 가치를 지키자

원리원칙형은 개인적인 확신을 강하게 가지고 있으며 자신의 도덕적 가치 기준과 옳고 그름에 대한 자기 의견이 강하다. 이들은 합리적이며 책임감이 강하고 자기 원칙이 있으며 진실, 정의 등을 중요하게 생각한다. 이들은 또한 말을 분명하게 하며 스트레스 상황에서도 침착성을 잘 잃지 않는다. 매우 원칙 지향적이며 항상 공정하고 객관적으로 문제를 바라보고 바람직한 결과를 얻기 위해 기꺼이 헌신한다.

빠른 결과보다는 그것에 이르는 과정 하나하나에 매우 충실하며 건성으로 하거나 잔재주보다는 기본 원칙에 충실하고자 노력한다. 따라서 이들은 보통 자신이 맡은 일에 책임을 지고 최선을 다한다. 그 때문에 소임을 다하지 못한 것이나 자신의 실수를 창피해하거나 두려워한다.

어떤 면에서 이들은 자신의 실수나 정돈되어 있지 않은 주변을 스스로 용납하기 어려워하는 내면의 심판관이 있는 것과 같다. 즉 자신이 원칙과 기준에 맞게 행동하고 있는지를 늘 체크하고 판단하는 또 하나의 자신이 내면에 존재하는 것이다. 그러다 보니 종종 스스로를 긴장시키거나 억압시키게 되고, 다른 사람들로부터 종종 까다롭다거나 경직되어 있다거나, 피곤한 성격이라는 이야기들을 듣는다.

특히 1번은 시간에 대한 관념이 매우 철저한 편이며 약속시간을 엄격히 지키려고 노력한다. 평소에도 시간 계획표를 짜서 실천하는 것을 좋아하며 습관화되어 있다. 그러다 보니 자신이 생각하거나 예상한 대로 일정이 진행되지 않는 것을 좋아하지 않는다. 시간을 헛되이 소비하지 않기 위해 노력하고, 생산적으로 써야 한다는 의식이 강하게 자리 잡혀 있는 것이다.

감정보다는 이성적으로 행동하려고 노력하는 1번은 위계적이고 연역적인 사고방식을 가진다. 대부분의 것들을 검은가 흰가, 옳은가 틀린가 등의 이분법적으로 구분하는 성향이 있다. 자신의 이성적이고 더 올바르며 고상한 의견으로 다른 사람들의 행동을 수정해주려 하고 바른 행동을 하도록 요구한다. 즉 이들은 아직 부족하거나 더 잘 할 수 있다고 느껴지는 부분을 잘 잡아내는데 이것은 자신뿐만 아니라 상대방에 대해서도 그렇다. 그러다 보니 상대방에 대해서도 판단적이고 하찮은 일에서도 흠이 먼저 보이며 이를 지적하게 된다.

그 때문에 1번은 때때로 자신의 처방이나 지시대로 일이 잘 되지 않으면 결코 만족스럽지 않다. 또한 자신이 판단하기에 잘못되었거나 상식에 어긋나고, 개념이 없는 사람들에 대해서는 분개한다. 또한 '살다 보면 그럴 수도 있겠지'와 같은 틈새를 잘 열어두지 않아서 늘 어느 정도의 긴장과 경계심을 가지고 살아간다.

2. 도우미형의 일반적인 특성

- 사람의 needs에 동화하고 돕는 행동
  : 원만한 대인관계(붙임성)
- 세심한 관심과 배려
  : 생일 기억, Thank you 카드
- 사람의 좋은 면을 보고 격려와 칭찬
  : 때로 과장, 외교적, 서로 좋게 연결고리

- Give & Take

  : 섭섭함 (easily forget easily forgive)

- 근원적 동기

  : 사랑받고, 인정받고, 필요한 사람

도우미형들은 기본적으로 다른 사람들에 대한 관심과 사랑이 많다. 동정심이 많고 감정이 풍부한 편이며 다른 사람들의 일에 뛰어들어 그들을 보살피고 관심을 갖는 것을 좋아한다. 진지하고 따뜻한 마음을 가지고 있으며 타인의 나쁜 점보다는 좋은 점을 보고, 용기를 북돋아주는 것에 능하다.

이성적으로 판단해서 타인이 필요한 것을 알아내는 것이 아니라 그냥 자연스럽게 마음으로, 혹은 직관적으로 그들의 필요를 쉽게 알아낸다. 그리고 상대방의 기분과 감정 상태에 대해서도 파악이 빨라서 그에 맞는 대응과 도움을 준다. 그러다 보니 부탁을 받으면 그 일에 대해서는 거절하기가 참으로 힘들다. 하지만 반대로 자신의 필요를 상대방에게 부탁하고 도움을 요청하는 것은 어려워하는 경향이 있다. 상대방을 곤란하게 하며 자신의 부탁을 하는 것은 자신이 이기적이라는 생각을 들게 하기 때문이다.

좋은 인간관계, 좋은 사람으로 평가받는 것을 중요하게 생각하며 다른 사람들을 위해 끊임없이 무언가를 하고자 한다. 자신이 얼마나 많은 사람들에게 도움이 되고 있으며 또 그 사람들이 자신의 도움을 얼마나 중요하게 생각하는지를 늘 뿌듯하게 생각한다. 그 때문에 도움을 받은 사람들이 자신의 이러한 배려와 도움을 고마워하고 인정해주기를 바란다.

종종 자신이 도와줄 수 있는데도 어떤 사람이(특히 내가 도와주던 사람이) 자신이 아닌 다른 사람에게 부탁을 하면 약간은 실망하기도 하며, 실은 다른 사람들이 자신에게 의존했으면 하는 마음도 있다. 자신이 중요한 사람이며 없어서는 안 될 인물이라고 생각하거나 다른 사람들이 자기에게 빚이 있다고 생각한다. 때때로 생색을 잘 내고, 다른 사람들로부터 끊임없는 감사와 존경을 받고 싶어 한다. 자신의 관심과 사랑, 배려와 함께 그 대상에 대한 소유의식도 비례적으로 강해지는 경향이 있다.

자신의 배려에 대한 상대방의 반응은 자기가 원하는 방식으로 오기를 바라는데, 이런 기대가 충족되지 않으면 섭섭해하거나 실망감을 느낀다. 하지만 이러한 감정을 드러내 보이지는 않는다. 이러한 감정을 드러내는 것은 '엎드려 절 받기'라는 생각이 강하게 들기 때문이다. 그래서 자신이 바라는 반응이 나오기를 은근히 참고 기다리지만 그것이 끝까지 충족되지 않은 경우(특히, 나와 특별한 관계라고 생각한 사람들일 경우) 그동안 참았던 감정이 폭발하기도 한다. 또한 자신을 원하지 않고 자신에게 감사하지 않는다고 느낄 때에는 매우 화가 나고 자신이 희생당하고 있다는 생각과 함께 공격적이 되기도 한다.

3. 성취형의 일반적인 특성

- 사회적 성공
  : 상장, 우승 트로피, 표창장, 승진, 업적
- 경쟁, 승부욕
  : 사람들의 인정, 존경, 관심
- 목표달성
  : 효율적, 동기부여, 목표는 생활의 리듬
- 이미지 중시
  : 외모 중시, 숨김, 겉과 속의 차이
- 근원적 동기
  : 인정받고, 이름을 남기고 싶음

성취형들은 뛰어난 사람이 되고자 하는 욕구가 강하다. 그러다 보니 모든 활동이 '성공'과 관련되고 이에 집중되어 있다. 그들은 인간 자체보다 '행동하는 인간'이기를 원한다. 성과에 초점을 두고 자신이 이룬 그 성과들에 대해 다른 사람들이 인정해주기를 바란다. 무엇이든 최상이 되고 싶어 하기 때문에 경쟁에 강하다. 그리고 이러한 경쟁에서 이기는 것, '승리자'가 되는 것을 매우 중요하게 여긴다.

3번은 의사소통 능력이 뛰어나며 동기부여를 잘 하고, 어떤 방식으로 접근하고 어떤 계획을 세워야 하는지 등의 전략을 세우는 데

능하다. 즉 자신에게 목표나 할 일이 주어지면 이미 머릿속에 효율적인 방법이 떠오르는 경우가 많다. 목적 지향적이며 상당히 효율적이기 때문에 이들은 어느 성격보다도 목표달성에 대한 의욕이 강하고 실행 가능한 구체적인 목표를 세운다. 효율적이라는 것은 최소 투입으로 최대의 산출물을 얻는 것으로, 목표가 정해지면 그것을 달성하기 위해 불필요한 것은 과감히 생략하기도 한다.

가끔은 얄미울 정도로 효율적인 방법을 찾는 데 뛰어난 감각을 가지고 있지만 그러다 보니 불필요한 것에는 그만큼 관심을 두지 않는다. 이것은 대인관계에서도 마찬가지이다. 자신의 목적에 도움이 되는 경우는 좋은 관계를 유지하지만 그렇지 않은 경우 자신도 모르는 사이 이미 멀어져 있는 경우가 많다. 그래서 때때로 약았다, 계산적이고 차갑다는 평가를 받기도 한다.

사기가 높고 에너지가 넘치며, 높은 자존감을 가지고 있고 매력적이며 인기가 있다. 그리고 사실 그렇게 보이기 위해 부단히 애를 쓴다. 늘 다른 사람에게 매력적으로 보이며 그렇게 평가받기 위해 노력한다. 이 때문에 실제 자신보다 약간은 부풀린 자신의 이미지를 만들기도 하고, 한편으로는 자신의 실체가 적나라하게 드러날까 봐 두려워하기도 한다.

남들에게 자신의 이미지가 어떠한지에 민감하며, 그들에게 수용되고 인정받으며 인기 있는 사람이 되기 위해 노력한다. 그러다 보니 자신의 실제 감정보다는 타인의 기대와 감정에 빠르게 대처하며, 그들이(특히 부모님, 가족, 선생님, 상사 등과 같이 나에게 중요한 타인) 나에게 기대하는 모습이 되기 위해 노력한다. 소위 눈치가 빨라 자신에게 기대되는 행동이 무엇인지를 빨리 파악하여 그때 그때 처한 상황에 대처 능력이 뛰어나다. 이러한 것이 장점으로 작용되기도 하지만 지나치게 남을 의식하고 살거나 그들의 기대나 기호에 맞게 사는 것처럼 스스로 느껴져 공허함이 들기도 한다.

4. 낭만적 개성주의형의 일반적인 특성

- 풍부한 감성
  : 감정의 다이내믹스, 감정의 폭
  : 자기 감정 자극, 살아 있음을 확인
- 나는 남과 달라!! 특별해!!
- Something missing, I envy that
- 자신에 솔직
  : 내면의 심정, 갈등, 모순을 있는 그대로 표출
- 자기가 느끼는 감정과 분위기 중시
  (독특하고 오랜 시간 동안 살아 있는 기억, 감정, 냄새)
- 근원적 동기
  : 진정한, 차별화된 나를 찾아 보여주고 싶음

낭만적 개성주의형들은 기본적으로 '남들과 다른 자신'을 사랑한다. 자기애, 자아의식이 강하며 고유한 자기의 느낌이나 감정, 자신의 이미지를 가지고 있고 이를 추구한다. 자신과 타인에 대해 굉장히 민감하고 직관적이며 감수성이 예민하다. 그래서 이러한 직관적이고 예민한 감수성에 의해 생성되는 감정을 중요하게 생각하며 그러한 감정을 통해 자신이 살아 있음을 느낀다. 그래서 상황, 사람, 대상에 대해서 자신이 원하는 감정이 나오지 않으면 힘이나 의욕이 생기지 않는다.

4번 형은 정신적으로 또 감정적으로 깊은 바다에 다이빙을 하는 사람들과 같다. 아름다움을 강조하고 자신의 감정을 심미적으로 표현하는 것을 즐긴다. 그리고 개인적인 감정을 개발하고 지속시키기 위해 노력한다. 환상과 상상력을 통해 현실적인 느낌을 강화하고 열정적인 감정을 고조시킨다. 감정에 접목하기 위해 이들은 모든 것을 내면화하며, 모든 것을 자신의 것으로 받아들인다.

때때로 타인, 자신 그리고 자신의 삶에 대해 약간은 아이러니한 견해를 가지고 있다. 매우 심각하기도 하면서 우습기도 하고, 쉽게 감동받으며 쉽게 감정이 사라지기도 하는 등 감정적으로 매우 강렬하다. 이들의 감정은 이렇게 민감하고 강렬한 만큼 상처를 받기 쉽다. 감정의 기복이 심하며 이해하기 어렵고 다른 사람들의 감정까지 위태롭게 만들기도 한다. 자신은 다른 사람들과 매우 다르다고 생각한다. 매우 자기몰입적이며, 자신의 이러한 자의식과 감정 속에서 몰입되어 빠져나오는 것에서는 자발적이지 못하다.

다른 사람과 자신은 다르다고 느끼며 또한 다른 사람의 삶과 나의 삶은 달라야 한다고 생각한다. 종종 그들은 슬픈 꿈을 꾸거나 외로움을 많이 느끼며 사실 이러한 외로움과 쓸쓸함, 약간의 우울함을 즐기기도 한다. 또 종종 자신과 같이 깊이 있고 격렬한 감정 상태를 경험하지 못하고 이해하지 못하는 다른 사람들을 경멸하기도 한다. 자신의 삶의 스타일에 의문을 갖는 사람들에게는 매우 적대적이다.

때때로 이들은 자기 자신이 남들과 다른 것을 사랑하고 그것을 좋아하면서도 한편으로는 남들과 다르기 때문에 그들이 가진 것을 자신은 갖고 있지 못하다고 느끼고 자기비하에 빠지기도 한다. 다른 사람들로부터 소외받는다고 느끼기도 하고, 이로 인해 의기소침해 지거나 무기력해지고 절망을 느끼기도 한다. 즉 슬픔이 아닌 우울함에 휩싸이기 시작하면 그 상태가 지속되는 경우가 많다. 이러한 경우 잘 빠져나오지 못하고 더 심각한 감정으로 빠져들기 쉽다.

5. 지적 탐구형의 일반적인 특성

- 현실 생활에서의 자신감 결여
    : 적응하지 못할 것에 대한 두려움
- 가상 공간: 컴퓨터 게임, 인터넷 채팅
    : 나만의 사생활 공간(virtual space)
- 지식, 직관력, 전문가
    : 자기 정체성, 자기확신, 자신감 ⇒ 참여

- 몰입이 아니라 관조
  : 무정, 냉정, 실천적이기보다 사변적
- 근원적 동기
  : 환경으로부터 자신을 보호, 필요한 지식과 정보를 마스터

지적 탐구형들은 몸으로 움직이고 행동으로 경험하는 것보다는 한발 물러서서 머리로 접근하는 것을 더 선호한다. 이들은 세상이 지식과 아이디어, 정보로 구성되어 있다고 생각한다. 기본적으로 지적이고 분석적인 능력이 뛰어난 이들은 지적 호기심이 강하고 어느 하나에 집중하면 그것을 개념적이고 분석적으로 이해하려고 한다.

행동하기 전에 모든 것을 머릿속에서 먼저 실현해보는 개념화 과정을 거친다. 모형을 만들어 준비하고, 연습하고 충분한 자료를 구한다. 이들은 복잡한 인간관계를 싫어하기 때문에 그런 세상으로부터 물러나, 내면의 개념과 상상력의 세계로 들어가는 것을 좋아한다.

복잡한 아이디어와 상상력의 세계에 몰두하면 할수록 이들은 현실과 점점 더 유리되기도 한다. 매우 사색적이며, 현실보다는 비전과 자신의 상상과 개념의 세계에 대한 해석에 사로잡혀 있다. 종종 색다르고 난해한 주제, 어렵고 혼란스러운 주제 등에 매력을 느끼기도 한다.

5번 형은 감정적인 반응과 개입을 잘 이해하지 못하고 이러한 부분이 다른 사람에 의해 압도되었다는 생각이 들면 방어적이고 공격

적으로 대응하기도 한다. 이러한 경우 의도적으로 냉소적이며 논쟁적으로 접근하고, 다른 사람들은 바보 같아서 이해할 수 없을 것이라고 생각하기도 한다.

새로운 것을 배우고 공부하며 새로운 기술을 습득하는 것을 좋아한다. 자신이 관심 있는 분야는 마스터할 때까지 파고든다. 이들은 대단한 집중력을 가지고 있기 때문에 새로운 관심사에 집중하기 시작하면 종종 그 분야에 새로운 방법이나 아이디어, 상품을 개발해 내기도 한다. 그러다 보니 몇 개의 핵심적인 관심에 많은 시간을 사용하고 다른 분야는 거의 무시하기도 한다.

지적이고 분석적이라는 것은 똑똑하다는 것과는 조금 다른 의미이다. 현실세계의 문제에 부딪혔을 때 그 대응 방식이 감정이나 행동이 아니라 머리로 먼저 지각하여 접근한다는 것이다. 그래서 때로는 직접 감정을 개입시키고 몸으로 뛰어야만 이해할 수 있고 해결할 수 있는 주제들에 대해서 취약하고 어려움을 겪기도 한다. 하지만 현상에서 조금 떨어져서 그것을 개념적으로 보고 있기 때문에 복잡한 현상에 숨어 있는 간결한 아이디어나 이론을 잘 발견해 낸다. 이들은 남들이 생각하지 않고 보지 않는 방법으로 현상을 보는 것에 익숙하다. 그래서 종종 좀 평범하지 않거나 이상하고 예외적인 사람이라는 평가를 받는다.

6. 안전지향 충직형의 일반적인 특성

- 두려움, 의심, 걱정, 불안심리
  : 신뢰할 만한 권위를 의존(전문가, 선례, 규칙, 문헌)
- 공동체, 시스템 구축
  : 자신의 불안을 해소, 권위 의존
- 결정의 신중
  : 가능한 모든 경우를 고려하여 문제 접근
- 충직형
  : 일단 의심이 가시면 돈독한 인간관계
- 근원적 동기
  : 불안을 피하고 자신의 안전을 확보

안전지향 충직형들은 실천적이고 균형 잡힌 시각과 신뢰를 중시한다. 이들은 권위 있는, 그래서 믿을 만한 정보나 사람을 의지하고 다양한 사람들의 의견을 균형 있게 받아들여 안전한 결정을 하길 원한다. 믿을 만한 정보나 의존할 사람이 없는 경우, 이들은 주로 지금까지 자신이 해오던 방식이나 다른 사람들이 해오던 방식을 따른다.

자신의 과거로부터 크게 일탈한 삶을 살거나 파격적인 일을 하는 경우가 드물다. 또 일반적인 사람들의 눈이나 상식에서 벗어난 일들을 하지 않는다. 즉 특이하게 행동하는 것을 찾아보기 힘들고 오히려 눈에 띄는 자리에 가는 것을 선호하지 않는다.

불확실한 것을 두려워하며, 불확실한 것은 안전하지 못한 것이라고 느낀다. 그래서 불확실한 일들에 대해서는 아예 시작조차 하지 않고 회피하거나 아니면 이러한 불확실성을 줄이기 위해 꾸준히 노력하기도 한다. 수동적인 자세가 아니라 적극적인 자세를 취하기도 하는데 다양한 사람들의 의견을 묻고, 관련 정보를 찾고 이를 다시 끊임없이 확인해보는 과정을 거친다.

언제나 최악의 상황을 생각해보고 신중하게 행동하고 조심하기 때문에 위기관리 능력이 뛰어나다. 어떤 면에서는 남들이 잘 하지 않는 부분까지 지나치게 경계하거나 걱정, 염려한다. 그리고 그러한 상황이 닥쳤을 때 자신이 어떻게 행동해야 할지 머릿속에 그려본다. 즉 극장이나 대중교통을 이용할 때 비상구가 어디 있고 대피로가 어디인지 확인하고 만약에 화재 등의 사고가 발생하면 자신이 어떻게 움직여야 할지 한번쯤 예측을 해봐야 마음이 편하다.

이들은 혼자 일하는 것보다 함께 협력하여 일하는 것을 선호한다. 함께 일하는 사람이 많을수록 의지하고 안심할 수 있다고 생각하기 때문이다. 그리고 마음이 맞는 공동체를 꿈꾸고 그러한 공동체에 소속됨으로 인해 안정감을 느끼고 책임과 불안, 부담에서부터 벗어나고자 한다.

이러한 조심과 경계는 대인관계에서 나타나기도 한다. 나에게 이유없이 친절하거나 우호적인 사람들에 대해서는 다른 목적이 있는지 의심하기도 한다. 또 상대방이 나한테 하는 말이나 행동들이 진심인지 아닌지에 대해 생각해보고 그 사람이 믿을 만한 사람인지 아닌지를 판단한다. 이러한 과정을 여러 번 거쳐 믿을 만한 사람, 혹은 믿을 만한 대상이라는 신뢰관계가 형성되면 그 관계와 신뢰를 더욱 견고하게 하기 위해 노력하고 그 관계에 충실하다.

7. 낙천적 열정형의 일반적인 특성

- 다양한 관심과 새로운 것의 추구
  : 다재다능, 한꺼번에 여러 가지 일
- 낙천주의적, 긍정적
  : 인생은 즐겁게. Carpe Diem(현재를 즐겨라)
- 미래지향적, 비전 ⇒ 집행은 허술
- 기존의 관행은 진부: 저항
- 근원적 동기
  : 고통을 피하고 행복과 자유를 추구

낙천적 열정형들은 다재다능하고 자유로운 사고방식을 가진다. 이들은 열린 마음으로 세상의 다양한 경험을 하는 것에 열정적인 사람들이다. 또 자발적이고 새로운 것에 호기심이 많아 다양한 경험과 모험을 하는 것을 좋아하고 이러한 자신의 경험에 의해 고양된다. 쾌활하고 생기와 활기가 넘치며 빠르고 민첩하다. 늘 새로운 것,

안 해본 것을 찾고 해오던 것을 계속하는 것은 단조롭고 지루하다고 생각한다.

다양한 관심과 취미, 끝없는 호기심은 여러 분야에서 다재다능한 면으로 연결되기도 한다. 하지만 일의 가지 수를 너무 많이 벌여놓다 보니 '얕고 넓게 아는 사람', '할 줄 아는 것은 많은데 제대로 하는 것은 별로 없는 사람'으로 여겨지기도 한다. 이들은 스스로 이런 면을 알고 있지만 이렇게 지각하는 순간에도 이들의 관심을 끄는 것들이 세상에는 너무 많이 있다. 이러한 관심은 호기심을 자극하고 충동질하여 결국 하나의 일을 더 벌여놓게 된다.

자유롭게 사고하고 행동하는 이들은 권위적인 것, 고지식한 것, 강압적인 것을 매우 싫어한다. 누군가가 자신의 생각을 강하게 나타내고 그대로 행동하길 요구하는 것에 대해 반감을 가진다. 획일성을 가져오고 다양성을 파괴하는 것에 대해 분개하며 이러한 기존의 관념들에 대해 민감하다. 전통, 관습, 권위 등에서 탈출하여 좀 더 다양성을 확보한 사회가 되어야 한다고 생각한다.

몸을 움직여 직접 부딪쳐서 현실을 체험하고 이렇게 빠르게 움직일 때 새로운 아이디어가 나타난다. 이들의 아이디어는 미래 지향적인데 이것은 신중히 이성적으로 따져서 만들어진 것이 아니라 불현듯 떠올라 생성된다. 종종 활동적인 아이디어들과 생각들은 행동력과 에너지를 갖춘 이들로 하여금 다양한 분야의 삶을 개척하게 하도록 하기도 한다.

7번 형은 기본적으로 '현재 재밌고 즐겁게 사는 것'을 중요하게 생각한다. 즉 나중에 아무리 큰 보상이 돌아오는 일일지라도 지금 내가 행복하지 않고 즐겁지 않다면 그것을 참고 이겨낼 의지가 강하지 못해서 금방 포기한다. 그 아무리 큰 보상이라 할지라도 지금 즐겁고 행복하지 않다면 이들에게는 흥미 없는 일이 되고 만다.

지루하고 심심한 것을 잘 참지 못하는 이들은 사람들을 만나고 관계를 맺는 것을 무척 좋아한다. 그래서 쉽게 친구를 만들고 금방 친해지지만 사실은 정말 마음 깊은 곳의 이야기를 나눌 만한 친구는 많지 않은 경우가 많다. 또 깊이 있는 친구보다 다양한 분야의 여러 사람들과 만나는 것을 좋아하고 원한다.

8. 도전형의 일반적인 특성

- 힘(power)의 확보
  : 나의 영역 보호
- 의지력, 결단력, 추진력, 정의감
- 보스(boss)
- 쉽게 화를 폭발
- 순진함과 강건함
- 근원적인 동기
  : 힘을 키워 환경을 지배한다

도전형들은 행동 지향적이며 늘 '할 수 있다 or 불가능은 없다'는 태도를 가지고 있고, 내부적으로 강한 욕망을 가지고 있다. 이들은 도전을 사랑하고, 그럴만한 자원을 충분히 갖고 있으며 스스로 일을 벌이는 사람들이다. 이들에게 주도권을 갖고 일을 하는 것은 매우 중요하며 독립성을 존중하고 강한 의지와 열정을 가지고 행동한다.

진취적이며 실용적인 이들은 대담하게 모험을 즐기며 위험을 감수하여 일을 성취하는 것을 좋아하고 이로써 자기 자신을 시험하며 증명하고 싶어 한다. 이들은 노는 것도 열심히 하는 것을 좋아하며 거의 모든 활동에 있어 실제 필요량보다 더 많은 에너지와 힘을 사용하는 경향이 있다.

가능한 독립적이고 자유롭기를 원하며 자신이 다른 사람에게 약한 모습을 보이게 되거나 지나치게 의존하게 되는 것을 싫어하고 두려워한다. 따라서 스스로를 강하게 만들기 위해 노력한다. 즉 힘을 기르기 위해 노력하는데 이때의 힘은 물리적이고 육체적인 힘만을 의미하는 것이 아니라 여러 모습으로 나타난다. 자기 충족적이고, 경제적으로 독립적이며, 적절한 자원을 갖기 위해 노력한다.

이들의 선호와 의사소통은 매우 간단명료하다. 즉 좋은 것은 좋고 싫은 것은 싫은 것이다. '내 것'과 '내 것이 아닌 것'으로 구분하고 배타적인 성향이 있다. 자기 영역 혹은 할 일이 어디까지이고, 좋고 나쁜 것 등에 대해 자신의 의견을 거침없이 말하며 직설적이다. 그러다 보니 의도하지 않아도 말의 톤이 강하고 통명스러워지는 경향이 있어 상대방의 입장에서는 이들이 자신의 주장만을 말하는 것처럼 느끼기도 한다.

이러한 강한 호불호는 인간관계에서도 나타나며 소위 자신과 코드가 맞는 사람과 그 외의 사람을 명확히 구분지어 생각한다. 자신과 코드가 맞고 자신이 믿을 만한 사람이라고 생각한 집단에 대해서는 한번 패밀리(family)면 끝까지 패밀리라는 생각으로 애정을 쏟고 의리를 지키며 집단에 대한 끈끈한 연대를 형성한다.

직설적이고 오픈되어 있는 이들은 감정 표현에 있어서도 솔직하다. 쉽게 흥분하거나 화를 내고 그것이 그대로 드러나지만 뒤끝은 없다. 특히 자신의 자유, 자신의 경계 안의 일이 침범당했을 때는 불같이 화를 내며 종종 호전적이고 공격성을 띠기도 한다.

9. 화합추구 평온형의 일반적인 특성

- 어떤 대상(사람, 사물)과 하나 되는 능력
- 중도
  : 양극단에 치우치지 않음, 적절히 화합, 평온 유지
- 결단력, 주관이 부족 ⇒ 모호한 태도
- 무기력
  : 에너지를 발산 않고 저장, 서두르지 않음 – 시간이 해결
- 약속에 대한 신뢰성 결여
  : Yes 남발, 말과 행동 불일치

- 근원적인 동기
 : 마음의 평화, 갈등과 긴장의 회피

화합추구 평온형들은 기본적으로 마음의 갈등을 원치 않는다. 이들은 자신과 다른 사람들에게 매우 수용적이고 개방적이어서 감정적으로 안정되어 있다. 삶에 대해 매우 편안하게 생각하며 급하지 않고 늘 여유가 있다. 이들은 보통 현재의 상태에 만족하며 자족하는 성향이 강하다. 즉 '지금 나에게 주어진 것에 만족'하고 큰 불만이 없다. 이들은 큰 야망과 거창한 꿈을 가지고 무엇인가 큰일을 해보겠다고 생각하기보다는 오히려 지금 주어진 일을 열심히 하면서 그 안에서 인정받고 '평범하며 보통 사람'으로 살아가길 원한다.

갈등이 일어나는 것을 원치 않는다. 따라서 자신의 주장을 강요하기보다 상대방의 의견을 수용하는 편이다. 상대방에 대해 지원적인 입장으로 상대방을 편안하게 해주며 마음을 치료해주고 조화를 만들어간다. 더 나아가 공동체 안에서는 서로서로를 결합시켜주고 쉽게 다른 사람의 관점을 받아들이며 사람들 간의 갈등을 조정해주는 협상가나 카운슬러의 역할을 하기도 한다.

'좋은 게 좋은 거다'라고 생각하는 경향이 강한 이들은 종종 자신이 원하지 않는 것도 수긍하고 적응하려고 노력한다. 즉 자신의 내면에서는 저항을 하고 있으면서도 겉으로는 동의하고 달래주는 것처럼 보인다. 자신이 동의하지 않을 때 갈등이 일어나거나 자신의 마음과 감정의 평화가 깨지는 것을 두려워하여 우선적으로 겉으로는 동의를 하고 상대방을 자극하지 않는다. 이러한 태도 때문에 이들은 다른 사람들에게 종종 우유부단하고, 결단력이 없거나, 자기 주관이 없다는 비판을 받기도 한다.

때때로 이들은 문제가 생겼어도 시간이 지나면 해결될 거라고 생각하고 아무런 조치를 취하지 않은 채 느긋하게 있기도 한다. 실제 많은 문제들이 시간이 지나면 해결되기도 하지만, 이들은 종종 절대로 저절로 사라질 수 없는 문제의 경우에도 '문제를 단순히 뒤로 밀어두기 위해' 문제의 심각성을 축소시켜 생각하기도 한다. 낙천적인 성격이기는 하지만 실제로는 내부적으로 게으르고 무디며 문제가 저절로 사라지길 기다리는 귀차니즘적인 성향이 나타난다.

편안한 생각과 환상에 젖어드는 것을 좋아하며, 많은 시간을 공상하며 보내기도 하고, 이런 저런 일을 되새겨보거나, 가끔은 자신이 무슨 일을 하는지 연결고리를 알 수 없는 일들을 하는 데 시간을 보내기도 한다. 즉 감정, 생각 등이 복잡해지는 것을 싫어하기 때문에 그냥 자기가 좋아하는 마음 상태를 유지시키는 것을 위해 시간을 낭비하기도 한다.

4강

실천[勇]의 리더십

1

성균 리더의 실천, 사회의 조화와 소통

"군자는 두루 조화를 이루고, 뇌화부동하지 않는다."

[君子, 和而不同] - 『논어』

조화[和]는 다양성을 인정하는 공존의 자세로, 조직과 집단을 협력과 소통으로 이끄는 평화의 리더십이다. 이에 반해 뇌화부동[同]은 획일성에 기초한 지배의 자세로, 대립과 분열을 조장하는 폭력의 리더십이다. 리더가 어떠한 자세로 조직과 집단을 이끄느냐에 따라 그 리더의 실천은 조화와 소통의 원동력이 될 수도 있고, 부조화와 불통의 불씨가 될 수도 있다. 결국 리더의 올바른 실천은 조직이나 집단의 승패를 결정하는 최종 관건이라고 할 수 있다. 성균 리더는 넓은 포용력을 가지고 세상의 조화와 소통을 위해 노력한다. 그 과정에서 조직구성원들이 무엇을 필요로 하는지를 알고, 나아가 실천을 통해 모범을 보임으로써 믿음과 신뢰를 준다. 리더의 솔선수범은 조직에 영향력을 끼쳐 조직구성원 모두가 자발적으로 따르는 에너지 넘치는 조직으로 변화시킨다. 그것을 위해서는 늘 조직구성원과 소통하면서 그들이 원하는 것이 무엇인지, 그들이 무엇을 꿈꾸는지를 파악하여 개인과 조직의 비전을 공유할 수 있도록 해야 한다. 그러한 환경이 조성되면, 조직구성원들은 조직의 비전을 곧 자신의 비전으로 인식하고, 조직의 성공을 위해 헌신하게 된다. 이처럼 리더의 진정성 있는 실천은 개인과 조직뿐 아니라, 더 나아가 사회와 국가의 조화와 소통을 위한 초석이 된다.

이처럼 리더의 실천은 하나의 조직이나 집단이 분열과 협력이라는 양극단으로 갈리는 결정적인 계기가 된다. 조직구성원들 개개인의 성격이나 능력의 차이, 조직이나 집단 내에서 서로 다른 이익을 추구하는 소규모 모임 등을 어떻게 포용하고 조화시키는가에 따라서 그 조직이나 집단의 승패가 좌우된다고 해도 과언이 아니다. 각 개인이나 모임의 차이와 다름을 인정하면서도 대립과 갈등이 아닌 상호 이해와 협력의 장을 마련하는 것이 리더의 몫이며, 그 과정에서 리더에 대한 신뢰가 형성됨으로써 강력한 시너지 효과를 창출할 수 있다. 이처럼 조직과 집단의 조화와 소통은 리더의 실천이 지향하는 리더십의 최종 목표이다.

그런데 이러한 리더의 실천은 리더의 지혜[智]와 배려[仁]가 전제되어 있지 않으면 근본적으로 불가능하다. 지혜가 결여된 실천은 무모한 만용에 지나지 않고, 배려가 결여된 실천은 독선적 독단에 지나지 않기 때문에 진정한 조화와 소통을 이룰 수 없다. 『중용』에서 "부끄러움을 아는 것이 실천[勇]에 가깝다"[1]라고 한 것도 지혜와 배려가 갖추어지지 않은 상태에서의 실천이 부끄러움임을 안다면, 최소한 무모한 만용이나 독선적 독단은 부리지 않을 것이라는 의미이다. 용기는 열정의 표출이다. 실천을 위한 용기를 가지는 것은 그것을 가질 만한 자신감, 즉 지혜와 배려를 갖추려고 최선의 노력을 다하고 있음을 자기 스스로 인정할 때 비로소 진정한 의미의 실천이라고 할 수 있다. 그렇지 않으면 그것은 자기 집착에 빠진 광기에 지나지 않는다.

이와 같이 리더십의 실천을 위한 리더의 자세도 중요하지만, 조화와 소통의 대상이 되는 조직구성원들과의 커뮤니케이션도 주목해야 할 부분이다. 조직구성원들의 생각이나 요구 등을 종합적으로 파악해야만 진정한 의미의 조화와 소통이 가능하기 때문이다. 따라서 조직구성원들의 소리, 즉 여론을 진지하게 경청하고 적절하게 대응하는 것은 실천을 위한 필수 조건이다. "백성들이 좋아하는 것을 좋아하고, 백성들이 싫어하는 것을 싫어하니, 이것을 백성의 부모라고 한다"[2]라는 맹자의 말에서 알 수 있듯이, 리더가 조직구성원들을 자식과 같이 여겨서 그들의 소리를 마음으로 듣고 이해하는 자세가 필요하다. 조직구성원들과 감성적 코드를 맞추어 함께 느끼고 호흡해야만 비로소 진정한 상호 소통이 가능한 것이다.

그런데 조직과 집단 내의 조직구성원들 사이에는 다양한 목소리가 있을 수 있고, 또한 서로 상반되는 생각이나 주장이 있을 수도 있다. 이렇게 서로 다른 입장을 경청하고 서로 충돌하지 않도록 조정하여 조화를 이루도록 함으로써 집단이나 조직의 안정과 발전을 도모하는 것이 리더의 실천이 지향하는 최종 목적이다. 아무리 좋은 여건이 주어졌더라도 조직구성원들이 화합하지 않는다면 결코 소기의 성과를 달성할 수 없기 때문이다. 따라서 앞에서 언급한 조직구성원들의 조화[人和]는 성균 리더십의 관계 원칙이면서도 실천의 리더십이 추구하는 최상의 원칙이라고 할 수 있다.

2

현대 리더십과 리더의 실천

1) 리더의 솔선수범과 상호작용

리더십은 구체적인 현장에서 실천을 통해 발휘되어야만 진정한 의미가 있으며, 조직구성원이나 조직의 변화를 통해 그 효과성을 확인할 수 있다. 따라서 현대 리더십 이론은 대부분 이러한 실천의 내용이나 방법, 그 효과성 등에 주목한다. 리더와 조직구성원의 관계를 놓고 보면, 실천의 효과성은 크게 두 가지 메커니즘을 통해서 거둘 수 있다. 첫 번째는 리더가 조직구성원들에 앞서서 솔선수범함으로써 조직구성원들이 올바른 방향으로 따라올 수 있도록 하는 역할모델이 되는 방법이다. 두 번째는 조직구성원들과의 업무과정, 즉 동기부여, 커뮤니케이션, 의사결정, 갈등관리 속에서 그들에게 영향을 미침으로써 조직구성원들이 자신들의 역할을 잘 수행하게 하는 방법이다.

리더십의 실천을 위한 출발점은 리더의 솔선수범이다. 리더의 솔선수범은 조직구성원들에게는 일을 어떻게 해야 하는가에 대한 구체적인 방법을 제시해줄 뿐만 아니라, 나 역시 리더처럼 열심히 해야겠구나 하는 동기부여의 수단이 되기도 한다. 또한 다들 꺼려하는 업무에 있어서 리더의 솔선수범은 조직구성원들의 리더에 대한 존경심을 높여주고 그를 따르고 싶어하는 마음이 생기게 해준다. 이러한 솔선수범이 이루어지기 위해서 리더는 적극적인 태도와 조직구성원들을 위하는 봉사심이 기본이 되어야 하며, 수행에 필요한 지식과 기술, 그리고 노하우 등을 충분히 가지고 있어야 한다. 따라서 솔선수범은 리더로서 보여줄 수 있는 가장 확실하고 효과성이 높은 덕목이라고 할 수 있다.

다음으로 리더는 조직구성원들과의 상호작용 과정을 통해서도 실천을 행할 수 있다. 첫 번째로 동기부여 역할이다. 동기부여는 조직구성원들로 하여금 자신이 맡은 역할을 수행하고 싶은 마음이 생기게 하는 과정이다. 본연적으로 동기부여가 되어 있는 조직구성원들이 있을 수도 있지만, 그렇지 않은 경우도 많기 때문에 자신이 맡은 역할을 하고 싶은 마음이 생기게 해주는 동기부여는 리더의 중요한 실천 요소가 된다. 이를 위해 리더는 조직구성원들의 마음을 움직일 수 있는 요소들(니즈)이 무엇인가를 파악하는 것이 필요하며, 다양한 보상책을 활용하여 이들을 동기부여시켜야 한다. 두 번째는 조직구성원들과의 원활한 커뮤니케이션이다. 사람들은 커뮤니케이선을 통해 필요한 지식과 정보 그리고 감정을 전달하기 때문에 업무가 이루어지고 상호협력을 유도하기 위해서는 효과적인 커뮤니케이션이 될 수 있도록 하는 데 리더가 주도적인 역할을 해야 한다. 세 번째는 효과적인 의사결정을 하는 것이다. 조직과 구성원들을 대표해서 어떤 업무를 마무리짓고 결정하는 역할을 리더가 해주어야 하는데, 리더가 얼마만큼 합리적으로 의사결정을 잘 하느냐는 조직을 얼마나 성공적으로 이끌어 나가느냐와 직결된다. 따라서 리더는 중요한 이슈에서부터 사소한 이슈에 이르기까지 조직 내에서 이루어지는 다양한 상황에서의 의사결정들을 잘 처리해 나가고자 하는 실천이 필요하다. 네 번째는 갈등관리이다. 조직 내에는 서로 다른 성향과 성격을 가지고 있는 사람들이 자신들만의 이해관계를 가지고 병존한다. 따라서 함께 생활하다 보면 서로 간에 마찰이 발생하고 이로 인한 병리현상들이 야기된다. 이 경우 누군가가 이러한 갈등관계를 해결하고 원만한 해결책들을 제시할 필요가 있는데, 리더가 이러한 역할을 할 가능성이 가장 높다. 성공적인 리더라면 이러한 갈등상황들이 발생했을 때 본인이 나서서 원만하게 해결해 나가고 조직이 더욱 결집되어 나갈 수 있도록 하는 역할수행이 꼭 필요하다.

2) 현대 리더십 이론에서의 실천

현대적 리더십 이론에서 실천은 가시적인 조직성과와 유효성으로 연계되는 중요한 요소로 보고 있다. 대부분의 리더십 이론들에서 이러한 리더의 실천부분들을 제시하고 있는데, 리더십 이론별로 강조하는 부분들에 있어서 공통점과 차이점들이 나타나고 있다. 실천을 강조하는 리더십 이론으로는 변혁적 리더십, 거래적 리더십, 서번트 리더십, 임파워링 리더십, 윤리적 리더십, 진정성 리더십 등이 포함된다.

변혁적 리더십 이론에서는 현재의 상태에서 보다 바람직한 미래의 상태로 이끌어 나가는 것을 리더의 지향점으로 본다. 따라서 변혁적 리더들은 우리 조직이 지향해야 할 목표점을 미래의 비전을 통해서 제시해야 하며, 변화와 발전을 위해서 필요한 지식과 정보들을 제공하고 지속적으로 구성원들의 역량을 개발시키기 위하여 지적 자극을 하게 된다. 변혁적 리더들에게 있어서 명확한 비전제시와 구성원들에 대한 지적 자극 행위는 조직을 올바른 방향으로 이끌고 가는 데 목표를 제공하고 구성원들의 관심을 집중시키며, 그들이 지속적으로 힘을 낼 수 있도록 하는 데 중요한 역할을 하게 된다. 만약 리더가 이러한 역할들을 실천을 통해서 수행하지 않는다면, 구성원들은 자신들이 무엇을 위해 노력을 해야 하고 어떻게 해야 하는지에 대해서 방향을 잃게 된다. 따라서 변혁적 리더십 이론에서 강조하는 리더의 비전제시와 지적 자극의 실천은 매우 중요한 요소이다.

거래적 리더십 이론에서는 리더의 실천요소로서 적절한 보상을 제시하고 있다. 이 이론에 따르면, 리더는 구성원들과 계약관계 하에 있기 때문에 리더는 구성원들이 자신의 역할을 성공적으로 수

행할 수 있도록 상황에 맞는 적절한 보상을 통해 동기부여시켜줘야 한다고 강조한다. 리더에 의해 이루어지는 보상을 활용한 동기부여는 구성원들에게 강력하게 작용하게 되며, 구성원들은 자신이 조직 내에서 담당해야 할 역할들을 더욱 열심히 수행하게 되고, 결과적으로 조직의 효과성을 높일 수 있는 계기가 된다고 보고 있다.

서번트 리더십 이론에서는 구성원들에게 헌신하는 리더의 자세를 강조한다. 리더는 구성원들이 하기 싫어하고 꺼려하는 일들도 본인이 몸소 솔선수범해서 수행하고 이끄는 모습을 매우 중요한 리더의 덕목으로 제시하고 있다. 또한 이 이론에서는 구성원들이 현재 필요로 하는 것이 무엇인가에 대한 니즈를 파악하고 그들이 필요로 하는 것을 적극적으로 도와주는 이타주의적인 스튜워드십(stewardship)을 강조한다. 따라서 서번트 리더가 되기 위해서 리더는 조직을 대표해서 해야 할 중요한 일들을 파악하고, 어떠한 역할을 내가 솔선수범해서 보여줘야 하는가에 대한 통찰이 이루어져야 하며, 필요한 역량을 갖추기 위한 노력도 지속적으로 기울여야 한다.

다음으로 임파워링 리더십 이론에서는 리더는 구성원들에게 자신이 가지고 있는 권한과 책임을 넘겨주되, 구성원들이 자신들이 넘겨받은 권한과 책임을 성공적으로 이루어낼 수 있도록 리더가 주도적인 역할을 수행하는 데 초점을 두고 있다. 따라서 리더는 구성원들에게 특정 역할을 어떻게 해야 하는가에 대해서 먼저 시범을 보여주고 노하우 전수 등의 코칭을 해주어야 한다. 또한 의사결정 과정에 구성원들을 참여시킴으로써 구성원들의 실전역량을 강화시키는 노력도 지속적으로 기울여야 한다. 이와 같이 임파워링 리더십 이론에서 리더는 이미 구성원들보다 풍부한 경험과 노하우, 필요한 지식과 정보를 가지고 있다는 것을 전제로 하며, 구성원들에게 이를 전수하기 위해 솔선수범을 보여주는 것을 필수적인 요소로 인식하고 있다.

윤리적 리더십 이론을 살펴보면, 브라운(Brown) 등은 윤리적 리더십이란 개인적인 행동과 대인관계에서 조직구성원들에게 규범적으로 적절한 모범이 되는 행동을 보이며, 양방향 커뮤니케이션, 강화(reinforcement), 그리고 의사결정 과정을 통하여 조직구성원들이 그러한 모범적인 행동을 하도록 촉진하는 것으로 정의하고 있다.[2] 이러한 정의에 따르면, 윤리적 리더는 자기 자신에 대한 도덕적 실천자이자 조직구성원들에 대한 도덕적 관리자의 역할을 병행한다. 리더들은 자신이 지켜야 하는 조직 내 규범을 준수하고, 자신의 권한을 남용하지 않고 자신의 원리와 원칙을 공표한다. 이에 준하여 품격 높은 완성된 리더십을 발휘함으로써 조직구성원들의 귀감이 되는 것을 지향점으로 삼는다. 또한 윤리적 리더는 조직구성원들과의 허심탄회하고 솔직한 커뮤니케이션을 통해 자신이 추구하는 원리와 원칙, 그리고 규범을 조직구성원들에게 제시하고, 이에 준하여 조직 내 생활을 진행하도록 관리한다. 또한 의사결정 역시 자신이 기존에 공표했던 기준에 준하여 함으로써 일관성과 공정성을 확보하는 모습을 보여준다. 뿐만 아니라 조직구성원들의 윤리적 강화를 위하여 칭찬과 승진, 보상과 같은 수단을 통한 동기부여 기능을 적절하게 활용하게 된다.

마지막으로 진정성 리더십 이론에서는 리더의 원리원칙의 추구와 솔직함, 그리고 관계의 투명성을 강조한다. 윤리적 리더십에서 강조한 것과 유사하게 진정성 리더십에서도 리더는 자신이 옳다고 추구하는 원리원칙이 명확하게 있으며, 이를 지키고 실천하기 위하여 노력한다. 그리고 조직구성원들에게 솔직한 모습을 보여주려고 노력을 하며, 관계에 있어서도 투명성을 유지하기 위하여 노력한다. 따라서 진정성 리더가 되기 위해서는 자신의 원리원칙을 꾸준히 실천해 나가려 하는 모습이 무엇보다도 중요시되며, 효과적인 커뮤니케이션을 통해서 조직구성원들로 하여금 리더가 추구하는 모습이 무엇이며 조직구성원들이 무엇을 따라야 하는가를 명확하게 해주는 것이 필요하다.

3

....

솔선수범하는 성균 리더의 실천

1) 스스로 모범이 되어라

공자는 리더의 솔선수범을 정치의 핵심으로 보았다. 노(魯)나라의 실질적 권력자인 계강자(季康子)가 정치에 대해 묻자, 공자는 "정치란 바로잡는다는 뜻이니, 그대가 바름으로써 솔선수범한다면 누가 감히 바르지 않겠는가?"[4]라고 일갈하였다. 그가 또 나라에 도둑이 많은 것을 걱정하자, "진실로 그대가 탐욕을 부리지 않는다면 비록 백성들에게 상을 주더라도 도둑질을 하지 않을 것이다"[5]라고 하여, 리더의 솔선수범이 백성들을 이끄는 리더십의 핵심임을 강조했다.

그런가 하면 섭땅을 지배하던 섭공이 정치에 대해 묻자, "가까이 있는 사람들을 기쁘게 하면 멀리 있는 사람들이 스스로 찾아올 것"[6]이라고 대답했다. 즉 리더는 무엇보다 먼저 조직구성원들이 자기답게 살 수 있는 터전을 이루어주어야 한다. 그것이 리더의 자리를 만들 뿐만 아니라 모두가 제 역할하는 조직이 될 수 있다. 『서경』에는 리더가 갖추고 행해야 할 아홉 가지 덕목인 구덕(九德)이 나온다. 구덕은 당시 법을 관장하던 고요가 우임금에게 제시한 통치자가 갖춰야 할 덕목이다. 그는 법을 관장하였지만 우에게 제시한 것은 법이 아닌 덕이었다. 고요가 제시한 구덕은 다음과 같다. "너그러우면서도 엄격하고, 부드러우면서도 자신의 뜻과 생각이 확립되어 있으며, 고집스러우면서도 공손하고, 어지러움을 다스리면서도 자신을 통제하는 경건의 자세를 유지하며, 익숙하면서도 굳세고, 곧으면서도 온화하며, 간략하면서도 자세하고, 굳세면서도 치밀하며, 강건하면서도 옳고 바름에 합당한 자세"[7]가 그것이다. 고요는 상반되는 두 내용을 연결해 한쪽으로 치우치지 않는 최적의 상태인 중용의 도를 제시했다. 고요가 제시한 구덕은 세상의 변화에 대해 열려 있는 마음과 변치 말아야 할 두 가지 가치가 내재되어 있다. 즉 리더는 중용의 덕을 내면에 갖춘 실천적인 존재일 때 조직을 넘어 사회와 천하까지 변화시킬 수 있는 진정한 리더가 될 수 있다.

2) 사람과 세상을 품어라

고국을 떠난 공자가 13년 동안 천하를 떠돌며 잊혀진 태평성대를 회복하고자 했지만, 현실은 그에게 기회를 주지 않았다. 공자 나이

68세. 13년의 세월을 뒤로 하고 노구를 이끌고 고국에 돌아오자 젊은 군주인 애공(哀公)이 만남을 요청했다. 그가 공자에게 질문한 것은 정치였다. 당시 애공은 허수아비 왕으로 명분만 있을 뿐 통치권이 없었다. 애공의 질문에 공자는 바른 정치에 관한 내용은 이미 문왕과 무왕의 방책에 기록되어 있다고 말한다. 오래전 주나라가 세워졌던 당시에 정치에 대한 세세한 내용이 기록되었고, 그것을 기준으로 정치가 행해졌다는 것이다. 공자는 "그 사람이 있으면 정치가 일어나고, 그 사람이 없으면 정치가 종식된다"[8]라고 하여, 먼저 제대로 된 사람을 등용하는 것이 정치의 첫걸음임을 말했다. 그와 함께 천하를 다스리는 아홉 가지 방법인 '구경(九經)'을 제시했다. 구경은 문왕과 무왕이 행했던 이상적인 정치의 요체를 체계화한 것으로, 리더가 지녀야 할 리더십의 구체적인 행동지침이자 세상을 다스리는 방법론이다.

구경은 수신(修身)을 시작으로 존현(尊賢)-친친(親親)-경대신(敬大臣)-체군신(體群臣)-자서민(子庶民)-래백공(來百工)-유원인(柔遠人)-회제후(懷諸侯)의 아홉 가지이다.[9] 이는 천하를 통치하는 방법이기도 하지만 개인적으로는 자신을 이루는 방법이기도 하다. 구경에 제시된 개념 하나하나가 시대와 공간을 넘어 리더십의 핵심이 되는 이유이다.

(1) 늘 자신을 성찰하고 바르게 하라 – 수신(修身)

유학적 리더십의 처음은 바로 리더의 수신이다. 뛰어난 능력으로 놀라운 업적을 발휘할지라도 수신이 되지 않은 리더일 경우 조직의 신뢰를 얻기 힘들다. 또 단기적으로 리더십을 발휘할 수 있겠지만 장기적으로는 불가능하다. 이는 리더십의 상실로 이어진다. 공자는 "백성들의 신뢰가 없으면 제 역할을 할 수가 없다"라고 하여, 충분한 식량, 튼튼한 국방력보다 백성들의 신뢰를 중시했다.[10] 신뢰의 중심에 리더의 수신이 있다. "자신이 바르면 명령하지 않아도 행해지지만, 자신이 바르지 않으면 비록 명령하더라도 따르지 않는다"[11]라는 것이 그것이다. '자신을 바르게 하는 것'이 수신인 것이다. 공자가 유학의 이상적 모델로 제시한 요·순·우·탕·문·무·주공이 그랬고, 동서양을 막론하고 리더로서 제 역할을 한 사람들이 그러했다.

맹자는 "자신이 도를 행하지 않으면 처자에게도 통하지 않으며",[12] "몸을 닦으면 세상에 드러나니 자기를 선하게 하고, 세상에 나아가면 천하를 선하게 만든다"[13]라고 하였다. 즉 리더의 수신은 조직을 자발적으로 움직이고 변화시키는 힘이다. 세상은 명령에 의해 변할 만큼 단순하지 않다. 강력한 독재가 행해질 경우 두려움에 바뀌는 척할 뿐이다. 그런데 세상은 한 사람에 의해 순식간에 변화하는 곳이기도 하다. 바로 리더의 수신이 그것이다. 상나라를 세운 탕임금이 "진실로 날마다 새롭게 하고, 날로 날로 새롭게 하며, 또 날마다 새롭게 한다"[14]라는 글귀를 세숫대야에 새겨놓고 자신을 닦음으로써 혁명을 완성할 수 있었다. 이것이 수신의 힘이다. 영국의 격언에 "왕이 길을 잃고 헤매면 백성들이 그 대가를 치른다"라는 말이 있다. 리더의 역할이 얼마나 중요한지 말하는 것으로, 수신이 믿음의 근거요 자기다움의 길인 것이다. 따라서 리더는 무엇보다 먼저 자신을 닦고 자신을 바르게 하여 조직의 신뢰를 얻어야 한다. 수신이 자신의 길을 열고 조직을 살리며 세상을 평화롭게 하는 첫걸음인 것이다.

(2) 어질고 능력 있는 자를 높여라 - 존현(尊賢)

잭 웰치 전 GE 회장은 "내 시간의 75%는 핵심인재를 찾고 배치하고 보상하는 데 썼다"라고 했고, 빌 게이츠 MS 창업자는 "핵심인재 20명이 없었다면 오늘의 MS도 없다"라고 했다. 삼성의 고 이병철 회장 역시 "내 인생의 80%는 인재를 구하는 데 두었다"라고 했다. 인재는 조직의 꿈을 이루는 핵심이다. 따라서 제대로 된, 올바른 인재를 등용하는 것이 조직의 출발이다. 공자와 맹자가 중시하는 덕치와 왕도정치 역시 인재등용이 핵심이다. 공자는 "정치를 덕으로 행하는 것은 비유하자면 북극성이 제자리에 있으면 뭇별들이 향하는 것과 같다"[15]라고 말하였다. 즉 덕 있는 뛰어난 인재를 등용하는 것이 순조로운 정사가 행해지는 첫걸음인 것이다. 현(賢)이란 능력만 뛰어난 것이 아니라 덕 있는 품성까지 지닌 인재를 말한다. 즉 내면과 외면이 조화를 이룬 문질빈빈(文質彬彬)의 인재이다. 맹자는 "어진 이를 높이고 능력 있는 자를 부려서 뛰어난 인재들이 제자리에 서면 천하의 모든 인재들이 몰려올 것"[16]이라고 하여, 제대로 된 인재등용이 넘치는 인재를 얻게 되는 지름길임을 말하였다.

이와 관련된 연나라 소왕(昭王) 때의 고사가 있다. 소왕은 국력을 향상시키기 위해 널리 인재를 모았지만 좀처럼 인재가 모이지 않았다. 그때 소왕을 모셨던 곽외가 천리마에 관한 이야기를 들려주었다. 한 왕이 천리마를 구해오라고 천금을 주었다. 천리마가 있다는 곳에 가니 이미 죽은 뒤였다. 그러자 그는 죽은 뼈다귀를 오백 금을 주고 사가지고 왔다[買死馬骨]. 왕은 노발대발했지만 그는 웃으면서 곧 천리마들이 몰려올 것이라고 장담했다. 죽은 천리마를 오백 금에 샀다는 소문이 산 천리마를 가진 자들을 움직일 것이라는 것이다. 이처럼 자신을 등용한다면 인재들이 몰려들 것이라고 하자, 소왕은 곽외를 사부로 모시고 대접했다. 그러자 숨어 있던 인재들이 제 발로 나타나 연나라를 중흥시키는 데 힘을 모았다.

그렇다면 현자의 역할은 무엇인가? 공자의 제자인 자하(子夏)는 "곧은 자를 등용해서 굽은 자 위에 올려놓으면 백성들이 바르게 된다"라는 공자의 말씀에 대한 구체적인 예로 "순임금과 탕임금이 고요와 이윤을 등용하니 불인(不仁)한 자들이 멀어졌다"[17]라고 하였다. 현자는 덕과 능력을 겸비한 수신의 사람이다. 능력은 있는데 덕이 없거나 각박한 사람일 경우 자신의 이익만을 챙기기 때문에 조직구성원들의 의욕을 잃게 할 뿐 아니라, 모두 자신의 이익만 챙기게 한다. 따라서 이러한 자는 조직과 세상을 어지럽히고 조직과 구성원

간의 신뢰를 무너뜨리며 분열시킨다. 그에 반해 덕과 능력을 겸비한 현자는 공정과 신뢰로 자신을 넘어 조직을 위해 일하기 때문에 조직과 조화를 이룰 뿐 아니라 모두가 하나 되게 한다. 성현들이 덕이 있는 사람인 '그 사람[기인(其人)]'을 강조한 이유이다.

불확실한 미래를 건너는 확실한 방법은 현자를 얻는 데 달려 있다. 온화하고 어질며 공경하고 검소하며 배려하는[溫·良·恭·儉·讓] 성품으로, 조직을 바르게 하고 조화롭게 하며 하나 되게 한다는 점에서 현자는 미래에 대한 투자이며 조직 성장의 보증수표이다. '그 사람'을 얻을 때 비로소 조직의 비전을 시작하고 앞으로 나갈 수 있으며 조직의 질과 품격을 높일 수 있다. 이것이 조직구성원들을 자발적으로 움직이게 하는 힘이다.

(3) 부모와 친척과 하나 되어라 – 친친(親親)

부모와 자식은 떼려야 뗄 수 없는 천륜(天倫)이다. 세상의 모든 자식은 부모에게서 생명을 받고, 부모는 자식으로 인해 부모가 된다. 오상(五常)에서 '부모와 자식은 하나'라는 부자유친(父子有親)을 관계 맺음의 처음으로 제시한 이유이다.

맹자는 부모와 하나 되는 친친(親親)을 "천하에 두루 통하는 도"로서 인(仁)이며,[18] 『중용』에서는 "인(仁)은 인(人)이니, 부모와 하나 됨이 으뜸"[19]이라고 했다. 나와 부모가 하나 되면 부모의 형제와도 하나 된다. 즉 친친은 부모와 자식이라는 매우 가까운 관계에서 시작하지만, 결국엔 "이웃의 노인을 나의 집 노인처럼, 이웃의 아이를 나의 집 아이처럼"[20] 되게 하며, 더 나아가 인류 전체를 하나 되게 하는 출발이다.

'친친'이 부모와 자식의 관계라는 점에서 그 바탕은 자(慈)와 효(孝)이다. 부모는 자식을 사랑하고 자식은 부모에게 효도하는 것, 이것이 친친의 출발이다. 유학은 효를 특히 강조하는데, 효의 구체적인 내용은 "부모님이 살아 계실 때, 돌아가셨을 때, 제사 지낼 때 예를 어김이 없는 것[무위(無違)]",[21] "부모님의 뜻을 계승하는 것[승지(承志)]",[22] "공경하는 것[경(敬)]"[23] 등이 그것이다. 부모와 하나임을 알면 형제에 대한 인식도 달라진다. 서로 경쟁하는 존재가 아니라 부모라는 뿌리에서 난 한 몸인 것이다. 따라서 형제간에 우애하고 정사에 베푸는 데까지 나아가 세상천지가 하나 될 수 있다.[24] 하지만 현실은 그렇지 않다. 국가나 기업 등 조직이 위기를 맞을 때 그 중심에 가족의 불화가 있는 경우가 많다. 우리나라에서 기업 총수의 사망과 동시에 왕자의 난이 일어나는 일이 드물지 않았는데, 형제나 자녀의 재산 싸움에 해당 기업뿐 아니라 나라 전체가 시끄러워지는 경우도 종종 있었다.

공자가 "군자가 부모에게 돈독하면 백성들이 인을 일으킨다"[25]라고 한 것도, 맹자가 "인의 실제는 부모를 섬기는 것"[26]이라고 한 것도, 부모와의 관계를 통해 형제간에 우애하고 나아가 세상과 하나 될 수 있음을 말한 것이다. 공자는 문왕을 높이면서 "임금이 되었을 때는 백성들을 인으로 대했고, 신하였을 때는 임금을 공경하였으며,

자식이었을 때는 부모에게 효도하고, 부모가 되었을 때는 자식들을 자애롭게 대했으며, 백성과의 교제에서는 신뢰를 바탕에 두었다"[27] 라고 하였다. 이것이 부모와 하나 된 자의 모습이다. 즉 부모를 섬기는 마음이 왕을 섬기는 것으로 확장되고 자식을 사랑하는 마음으로 발현되며 백성들을 사랑함으로써 신뢰를 얻게 되는 것이다.

문왕이 영대(靈臺)를 지을 때 백성들이 자발적으로 모여 마치 자기 부모의 영대를 짓듯 완성했던 것도 이 때문이다.[28] 이것이 친친의 힘이다. 수신의 통치자가 어진 이를 높이고 부모와 하나 되니 모두가 하나가 된 것이다. 즉 부모와 하나 된 리더는 조직과도 하나 되어 세상을 얻을 수 있다는 점에서 친친은 조직의 힘을 극대화하는 길이다.

(4) 대신을 공경하라 – 경대신(敬大臣)

공자는 "천자는 간쟁(諫諍)하는 신하 일곱 명만 있으면 비록 도가 없다 해도 천하를 잃지 않고, 제후는 다섯 명만 있어도 그 나라를 잃지 않으며, 대부는 셋만 있어도 집안을 잃지 않는다"[29]라고 하여, 주변에 어떤 자를 두어야 하는지를 분명히 했다. 간쟁이란 군주나 윗사람의 잘못에 직언하는 것으로, 대신(大臣)이 해야 할 역할이다. 공자는 비록 도가 없는 천자일지라도 직언하는 신하 일곱 명만 있다면 천하를 잃지 않는다고 하였다. 이것이 대신이다. 계자연(季子然)이 공자에게 대신에 대해 물었을 때, "대신이란 도로써 섬기다가 불가능하거나 옳지 않으면 그만두는 자"[30]라고 한 것도 이 때문이다. 즉 대신은 자신을 올바르게 하고 군주를 올바르게 이끌어 천하를 올바르게 하는 자이다. 곧 대신은 리더의 지근거리에서 함께 국가를 통치하고 경영하며, 나라를 올곧게 세우고 이루어 나가는 자인 것이다. 이 때문에 올바름으로 리더를 섬기고 이끌며, 잘못에는 가차 없이 지적하고 고치도록 해야 한다. 대신의 됨됨이가 리더의 수준이고 능력인 것이다. 이 때문에 공경과 예를 다해야 하고 함부로 할 수 없다.

조직이 크건 작건 리더 혼자 이끌게 되면 자신만이 옳다는 독선과 독단, 자만심과 불신, 곁길과 유혹에 빠지기 쉽다. 그럴 때 곁에서 길을 제시하고 올바른 길로 안내하는 나침반이 있어야 한다. 대신은 길을 제시하고 함께 고민하고 함께 책임지는 자이다. 그러한 자가 곁에 있을 때 리더는 비로소 리더로서 제 역할을 할 수 있다. 따라서 대신을 공경하는 것은 그의 존재를 인정하고 신뢰하는 것이다. 탕임금이 이윤(伊尹)을 전적으로 신뢰하였기에 4대의 임금을 모시고 은나라를 탄탄히 할 수 있었으며, 대를 이어 그의 아들이 은나라를 위해 최선을 다할 수 있었다. 맹자가 탕왕이 이윤에게 배운 후에 나라를 다스리니 힘들지 않고 다스릴 수 있다고 한 것이 그것이다. 또한 제나라의 명재상인 관중도 그러했다.[31] 제환공은 관중을 높여서 최고의 직책과 부와 명예를 제공하였고, 관중은 제나라를 최고의 나라로 만들었다. 제나라의 또 한 명의 명재상인 안영도 그랬다. 그가 섬긴 세 명의 임금은 졸렬한 사람들이었지만, 올바른 말을 하고 바른 길을 제시한 안영이 있었기에 제나라는 흔들림이 없었다. 이처럼 통치자와 대신들이 함께 경영할 때 균형과 조화의 덕목을 갖출 수 있다. 그들의 머리와 지혜를 쓰는 것, 이것이 리더의 덕이다. 따라서 대신을 공경하고 예로 대하는 것은 리더의 인품이며 그릇이다. 그것이 상호간을 신뢰로 묶어 움직이지 않아도 공경하고, 말하지 않아도 믿게 되는 조직을 이루게 된다. 맹자는 오래된 나라란 아름드리나무가 있는 나라가 아니라, 대대로 나라를 위해 힘쓰는 신하가 있는 나라라고 했는데,[32] 바로 올바름으로 임금을 섬기고 나라를 위해 목숨까지도 바치는 대신이 그것이다.

(5) 조직구성원을 내 몸처럼 아껴라 – 체군신(體群臣)

전국시대를 살았던 맹자가 가장 많이 만난 군주는 제나라의 선왕(宣王)이었다. 부국강병에 관심이 많고, 음악과 여색, 돈과 전쟁에 관심이 있음을 노골적으로 드러낸 그에게 맹자가 권한 것은 왕도(王道)였다. 맹자는 제선왕이 사지에 끌려가는 소를 불쌍히 여겼다는 것을 근거로 그가 왕도를 행할 수 있음을 강조했다.[33] 하지만 제선왕은 자신의 신하가 사라져도 모를 만큼 사람 귀한 줄 모르는 군주였다.[34] 그런 그에게 맹자는 군주와 신하의 관계에 대해 다음과 같이 말하였다.

"군주가 신하를 수족처럼 여기면 신하는 군주를 자신의 배와 심장처럼 여기고, 군주가 신하를 개나 말처럼 여기면 신하는 군주를 평범한 사람처럼 여기며, 군주가 신하를 흙이나 지푸라기처럼 여기면 신하는 군주를 원수처럼 여깁니다."[35]

맹자의 말처럼 리더가 조직구성원을 자신의 팔다리처럼 귀하게 여기면 조직구성원은 리더를 자신의 목숨처럼 중시한다. 하지만 개나 말처럼 취급하면 앞에서는 머리를 숙이고 아부하지만 뒤로는 하찮은 사람처럼 여기고 우습게 여기며, 조직구성원을 흙이나 지푸라기처럼 하찮게 여기고 함부로 해고하거나 버리면 조직구성원은 리더를 원수처럼 여겨서 언제든 기회가 되면 해코지하고자 한다. 즉 조직이 위기에 빠지면 가장 먼저 자기 것을 챙겨서 도망치거나, 약점을 이용하여 위기를 가속화시키는 경우가 그것이다. 나라든 조직이든 현장에서 직접적으로 업무를 수행하는 조직의 몸체가 군신, 즉 조직구성원이다. 대신이 경영의 축이라면, 군신은 조직의 하부구조를 이루는 세포이며 손과 발이다. 이 때문에 이들을 자기 몸처럼 여기고 아끼며 살펴야 한다는 것이 '체군신'이다.

조직구성원은 조직의 일원이 되는 순간 한솥밥을 먹는 식구이고 가족이다. 따라서 조직의 성장에 열정적으로 기여하는 내부고객이 되게끔 해야 한다. 그들의 조직에 대한 열정과 관심, 사랑이 조직을 성장시키고 토대를 튼튼히 다진다. 따라서 조직구성원을 자신의 몸처럼 여기고 아끼며, 공적에 따른 올바르고 공정한 상벌이 주어질 때, 책임감으로 직무에 임하여 한 사람 한 사람이 전체 조직이 될 수 있다. 이것이 리더가 군신을 자신의 몸처럼 여겨야 하는 이유이다.

(6) 백성을 자식처럼 여겨라 - 자서민(子庶民)

부모에게 가장 귀한 존재는 자식이다. 자식의 성공과 성장을 위해 부모는 자신을 희생하거나 포기하기도 한다. 부모의 절대적인 사랑이 때로는 자식에게 짐이 되기도 하지만, 자식은 그러한 부모의 사랑을 자양분으로 삼아 성장한다. '자서민'은 리더의 조직구성원 사랑이 마치 부모가 자식을 사랑하는 것처럼 간절하고 진정성이 있어야 함을 말해준다. 군주는 백성을, 기업은 소비자를 자식처럼 여겨야 하는 것이다. 즉 리더는 조직구성원 한 사람 한 사람을 책임지는 존재인 것이다. 하지만 현실은 어떠한가? 백성이 가장 하찮은 존재가 아닌가? 그들은 언제든 통치자를 위해 죽어도 억울함이 없는 이름도 존재감도 없는 존재였다.

한데 군주의 힘이 막강하던 시대에 맹자는 "백성이 가장 귀하다"라고 외쳤다. 그는 "백성이 가장 귀하고, 나라가 그 다음이며, 임금이 가장 가볍다"[36]라고 하여, 당시의 가치관을 180도 전환시켰다. 그는 백성을 위한, 백성의 일상적인 삶이 보장되는, 백성과 함께 즐거움과 근심을 나누는 통치를 주장했다. 군주가 무엇보다 중시할 것은 토지와 인민과 정사이지, 주옥(珠玉) 따위를 중시해서는 안 된다는 것이다.[37] 그럴 때 재앙이 몸에 미친다는 맹자의 말이 통치자에게는 얼마나 가시였을까?

그런데 생각해보면 백성이 없다면 왕도 필요 없다. 순자는 "군주는 배이고, 백성은 물"이라고 했다. 백성들이 분노하면 배는 간단히 뒤집힌다는 것이다.[38] 그 예로서 폭군인 걸주(桀紂)는 나라를 잃기 전에 이미 백성을 잃었다.[39] 만일 백성들이 군주를 원수로 여긴다면 비록 지존(至尊)에 있다 할지라도 이처럼 언제든 내쳐진다.

기업이나 조직 역시 마찬가지이다. 기업은 소비자가 있기에 제 역할을 할 수 있다. 즉 고객과 소비자의 지속적인 관심과 신뢰를 얻어야 지속적인 성장을 할 수 있는 것이다. 때문에 가장 좋은 것을 주려는 부모의 마음으로 물건을 만들 때 영리추구라는 본연의 목적뿐 아니라 사회적 역할도 감당하는 책임감 있는 기업이 될 수 있다. 자식에게 뱀을 주는 부모가 없는 것처럼, 부모의 마음으로 물건을 만든다면 지속가능한 성장은 노력하지 않아도 따라오고 알리려 하지 않아도 홍보가 된다. 즉 고객과 소비자의 필요를 충족시키고, 함께 기뻐하고 함께 즐거워하며 함께 슬퍼하고 근심한다면 기업과 리더를 부모처럼 여기고 따르게 될 것이다.[40]

즉 국가의 리더인 통치자는 국민들의 기본적 삶인 항산(恒産)을 지켜주어야 하고,[41] 최소한의 사람다움을 유지하도록 해주어야 한다. 이는 기업과 조직도 마찬가지이다. 고객과 소비자의 선택에 의해 제 역할을 한다는 점에서 안심할 수 있는 물건을 만들어야 한다. 그럴 때 문왕의 백성들이 자발적으로 영대를 만든 것처럼, 소비자들은 자발적으로 기업을 홍보하고 성장시킨다. 백성과 함께 즐거워하는 '여민동락(與民同樂)'이 그것이다. '자서민'은 국가뿐 아니라 기업과 조직의 목표가 되어야 한다. 국민보다, 고객보다 큰 자산은 없기 때문이다.

(7) 기술자들이 자발적으로 찾는 곳이 되게 하여라 – 래백공(來百工)

브랜드 평가기관인 '밀워드브라운 옵티머'가 선정한 2014년 100대 글로벌 브랜드 순위에서 1위 기업은 세계의 젊은이들이 가장 가고 싶은 직장인 구글이었다. 구글은 조직구성원들의 복지와 창의력 제고를 위한 다양한 편의시설뿐 아니라 창의적인 공간까지 마련하여 그들의 꿈과 열정을 펼치도록 한다는 점에서 젊은이들이 자발적으로 찾는 기업이 되었다. 조직구성원들을 꿈꾸게 하고, 꿈을 현실로 만들어주는 곳이라는 이미지가 최고의 인재를 모으는 힘이 된 것이다. 구경의 7번째인 '래백공'이 그것이다.

순임금 때 법을 관장하던 고요(皐陶)는 "어진 사람이 관직에 있으면 모든 관료가 본받으며, 모든 기술자들이 때에 맞게 일을 하면 모든 업적이 이루어질 것"[42]이라고 하여, 국가 구성원 모두가 맡겨진 일에 충실하면 공이 이루어지고 나라가 안정된다고 보았다. 이를 통해 기술 발달은 물론이고, 경제활동 역시 활발하게 이루어진다. 이러한 바탕이 이루어질 때 능력을 발휘하고자 하는 백공들이 찾아오게 된다. 그들의 능력을 날로 살피고 달로 시험해 일의 성과에 맞게 올바르게 대우하여 더욱 힘쓰도록 권면할 때[43] 그곳은 미래를 꿈꾸는 젊은이들의 희망의 공간이 될 것이다.

그렇다면 '래백공'의 바탕은 무엇일까? 충(忠)과 서(恕), 균(均)과 공(公), 그리고 신(信)이 그것이다. 즉 진정성과 진실함, 상대방에 대한 배려와 소통, 고른 인사 정책과 능력에 대한 공정한 대우, 그리고 상호간의 신뢰가 그것이다. 이것이 백공들이 오게 하는 힘이다. 이는 나아가 다른 조직에까지 영향을 미쳐서 전체의 조직을 변화시킨다. 구글의 기업문화가 타 기업의 변화를 유도하는 것이 좋은 예이다.

신유목민 시대인 오늘날, 기술자들은 한곳에 머무르지 않는다. 자신을 인정하고 꿈을 펼칠 수 있게 한다면 어디든 떠난다. 언어와 각종 기계, 능력으로 무장한 그들에게 한계는 없다. 자신의 깃발을 꽂을 수 있는 곳이라면 어디든 간다. 오늘날은 기술전쟁의 시대인 만큼 백공들의 역할이 매우 중요하다. 물질적 풍요뿐 아니라 정신적 충만함까지 갖출 수 있도록 판을 마련하여 자발적으로 찾아오도록 해야 한다. 충·서·균·공·신의 리더십이 조직의 바탕이 되고 리더의 덕목이 되어야 하는 이유이다.

(8) 멀리 있는 사람들을 부드럽게 대하여라 –
유원인(柔遠人)

공자가 삼십 대 중반에 제(齊)나라에 갔을 때의 일이다. 통치자인 경공(景公)이 공자를 독대했다. 그리고 정치에 대해 물었다. 통치의 중심에 있는 그가 젊은 공자에게 정치를 물은 까닭은 무엇일까? 경공뿐 아니다. 많은 통치자들이 공자에게 정치란 무엇인가라는 근원적인 질문을 했다. 혼란이 극에 달했던 춘추시대, 어디에도 정치는 없었다. 힘과 권력을 가진 자들은 정치를 농단했고, 공직자들은 복지부동이었으며, 백성들은 복종하지 않았다. 권력과 공권력이 정치라고 여겼던 그들에게 정치는 풀리지 않는 숙제였다.

제경공에게 공자는 "임금은 임금답고 신하는 신하다우며 아버지는 아버지답고 자식은 자식다워야 한다"[44]라고 대답한다. 모든 존재자들이 자신에게 주어진 역할을 제대로 하는 것이 정치라는 것이다. 이것이 현실이 될 때 가까운 자들은 기뻐하며, 먼 곳에 있는 자들은 오게 된다.[45] 이는 섭공에게 한 대답이다. 가까운 사람을 기쁘게 하지 못하면서 멀리 있는 사람들까지 배려할 수 없으며, 그들을 오게 할 수는 더욱 없다.

그렇다면 멀리 있는 사람을 부드럽게 대한다는 것은 무엇을 의미하는가? 먼저 가까운 백성들의 마음을 얻는 것이 우선되어야 한다. 즉 '자서민'이 이루어질 때 멀리 있는 사람에게까지 신경 쓸 수 있고, 그들의 어려움과 노고까지 헤아려 마음을 베풀 수 있다. 그것은 지리적·심리적 거리를 좁혀준다. 멀리 있는 사람을 부드럽게 한다는 것은 군주의 영향력이 소외된 자들에게까지 미쳐서 그들도 국가의 구성원이라는 자부심을 갖게 하는 것이다.

이것이 인의 정치인 인정(仁政)이다. 너와 나를 구별하지 않고 너를 나처럼 여기는 인정은 올바름과 공정함, 배려와 사양으로 다스리는 나라이다. 이는 곧 아내가 없는 홀아비·남편이 없는 홀어미·부모가 없는 고아·자식 없이 홀로인 독거노인 등 의지할 데 없는 네 부류를 먼저 헤아리고 보듬는 것이다.[46]

오늘날 '유원인'은 고국을 떠나 있는 교포나 동포이기도 하지만 정부에 있어서는 반대세력이며, 기업에 있어서는 불만고객, 안티 고객이다. 거리적으로 심리적으로 먼 그들이 결코 반갑지 않지만, 그들까지 감싸안는 것이 리더의 몫이다. 역으로 생각한다면 그들은 끊임없이 위기의식을 부추겨 국가의 역할을 상기시키고 기업의 성장을 돕는 존재이기도 하다. 그들에게 귀를 기울이고 품어주어야 하는 이유이다. 따라서 가는 이를 잘 보내고 오는 이를 잘 맞이하며, 잘하는 이들은 힘을 주고 모자란 이들은 불쌍히 여겨야 하며,[47] 그들을 헤아리고 해야 할 책임을 앞장서서 행해야 한다. 그것이 가까운 사람들뿐 아니라 멀리 있는 사람까지도 품을 수 있는 너른 품이며 힘이다.

(9) 제후를 따뜻하게 품어주어라 – 회제후(懷諸侯)

구경의 마지막은 제후들을 따뜻하게 품는 '회제후'이다. '회懷'는 '품다'와 '그리워하다', '생각하다'를 의미하는 타동사이다. 품어주고 따뜻한 마음으로 감싸주면 그리워하고 생각하듯이, 천자는 제후들을 품어주고 넉넉한 마음으로 받아주어야 한다. 맹자는 백성의 마음을 얻을 때 천자가 되고, 천자의 마음을 얻을 때 제후가 된다[48]고 하였다. 즉 제후는 천자에 의해 직분을 받는 존재이다. 따라서 그들이 자신의 역할을 부족함 없이 할 수 있도록 품어주고 보살펴주어야한다.

어떻게 해야 하는가? 『중용』에서는 다음과 같이 말한다. "끊어진대를 이어주고 폐지된 나라를 일으키며, 어지러운 나라를 다스리고 위태로운 나라를 붙들어주며, 천자와 제후가 조회(朝會)받고 빙문(聘問)하는 예를 때에 맞춰서 하며, 보내는 것은 후하게 하고 가져오는 것은 박하게 해야 한다."[49] 그런가 하면 맹자는 봄과 가을에 백성들의 부족함을 살피고,[50] 노인을 봉양하고 어진 이를 높이며, 적재적소에 필요한 인재를 등용하여 제후들이 걱정 없이 정치에 전념할수 있도록 하면,[51] 제후들은 천자를 부모처럼 그리워하고 백성들을사랑으로 돌보게 된다고 말한다. 이것이 제후를 따뜻하게 포용하고보듬는 천자의 모습이다.

오늘날, 세계는 과도한 경쟁을 부추기는 자유시장 체제 속에서 살고 있다. 이는 수단과 방법을 가리지 않고 살아남는 승자에게 대부분의 보상이 돌아감으로써 승자와 패자의 차이가 심화되고 있다. 전통적으로 중시되던 윤리의식과 도덕성과 사회규범은 파괴되고 있고, 경쟁에서 이기는 것이 목적이 되고 있다. 이로 인해 승자에 대한신뢰 역시 땅에 떨어지고 시장에 대한 불신이 높아가고 있다. 시장뿐 아니다. 국가도 그렇다. 세계에 영향력을 미치는 강대국 역시 강대국에 걸맞은 품격과 위상을 지녀야 하는데, 자국의 이익을 위하여약소국을 쥐어짜고 있는 것이 현실이다. 강대국은 국가의 크기와 경제력, 인구로 정해지지 않는다. 그에 합당한 국격과 품위, 관용과 신뢰, 그리고 주변국과 약소국을 품어주는 너른 품을 지녀야 한다. 그럴 때 모든 나라가 그리워하는 진정한 강대국이 될 수 있다.

대기업 또한 규모와 크기에 맞는 역할을 하여야 한다. 천문학적인 자금과 인적자산, 정보력과 촘촘한 네트워크를 보유한 대기업은 그들만이 할 수 있고 해야 하는 업(業)이 있다. 그것에 최선을 다할 때 중소기업과 영세업체들 또한 그에 합당한 일에 충실할 수 있다. 또 협력업체도 성장하고 그 분야에 최고가 되도록 길을 열어줌으로써 동반성장하도록 해야 한다. 그럴 때 사회의 각 분야에서 모두가 제 역할 할 수 있어 사회의 안정까지 확보할 수 있다. 오늘날 세계적 기업은 국가를 넘어선 힘을 지니고 있다. 따라서 규모에 합당한 일을 함으로써 모두가 살 수 있는 길을 열어주어야 한다. 그렇게 넉넉하게 품어주며, 자신의 세력을 잊고 동등하게 대한다면, 자칫 기업이 위기에 빠지거나 어려움에 처할 경우, 협력업체들이 자신의 일처럼 최선을 다할 것이다. 이것이 동반성장이다. 천하가 두려워하는 초일류기업은 이로써 가능하다.

공자는 덕치를 북극성에 비유했다. 북극성이 제자리에 있으면 뭇 별들이 그를 향하는 것처럼, 덕 있는 리더에게는 모든 존재들이 모여든다. 은나라 말기, 문왕은 서백(西伯)의 신분으로 백리밖에 안 되는 땅을 소유하였지만, 당시 현자인 강태공과 백이가 그에게로 갔고, 제후들이 그에게 모여들었으며 백성들이 그를 기다렸다.[52] 이것이 주나라를 세울 수 있는 힘으로 작용하여 아무도 막을 수 없었다. 이처럼 덕은 모두를 모으는 힘이고 품어주는 능력이며 그리워하게

리더십, 성균에 길이 있다

하는 매력이다.

이 때문에 리더는 덕이 있는 사람이어야 한다. 리더가 높은 성과를 창출했다 할지라도 전략과 시스템, 인재풀 등 조직의 뒷받침이 없다면 불가능하다. 그런 면에서 리더의 역할은 그들을 움직이는 덕을 지녀야 한다. 국가의 경우 적재적소에 합당한 인물을 발탁하여 제 역할을 할 수 있도록 힘을 실어주어야 하며, 기업의 경우 능력에 합당한 전문경영인과 임원을 발탁해야 한다. 협력업체 역시 동등하게 대하여 '작은 기업도 섬기는' 열린 경영, 즉 통 큰 리더십을 발휘[낙천(樂天)]해야 한다.

공자는 이 아홉 가지 다스림을 불변의 법칙으로 제시하였다. 구경은 시대를 막론하고 리더십에 적용되는 원칙이다. 이를 위해 갖춰야 할 것이 정성됨이며 성실함[誠]이다. 성실함이 이 모든 일을 행하는 도(道)인 것이다. 『중용』에서는 성실함을 하늘의 도라고 하였다. 힘쓰지 않아도 알맞게 행해지고, 생각하지 않아도 자연스럽게 얻는 것이다. 반면 사람은 성실하도록 노력해야 한다. 따라서 선한 것을 택해서 굳게 잡고 지켜야 한다.[53] 즉 구경을 자연스럽게 행한다면 좋겠지만 사람이기에 굳게 잡아 성실하게 행해야 한다.

리더가 간절한 지금, 어느 때보다 리더가 되려는 사람들이 많다. 다양한 리더십이 제시되는 이유이기도 하다. 오랜 세월 유학은 리더의 중요성을 강조하였다. '그 사람'이 중요하고 '그 사람'이 있을 때 세상을 변화시킬 수 있다는 것이다. 리더의 수신과 덕, 인을 강조하는 것도 이 때문이다. 공자는 "공손하면 업신여김을 당하지 않고, 너그러우면 무리를 얻으며, 미더우면 백성들이 믿어주어서 책임을 맡기고, 부지런하면 공이 있고, 은혜로우면 부릴 수 있다"[54]라고 했다. 이것이 인의 리더이다.

스탠퍼드대 경영대학원 제임스 마치(James March) 교수는 "리더는 구성원들에게 미래에 대한 창조적 비전과 자발적 열정을 불러일으키는 사람이며, 비전과 열정은 구성원들의 자존감과 자신감을 높여 강력한 동기부여를 가능하게 한다"고 하였다. 이러한 리더가 진정한 리더이다. 그렇다면 공자가 제시한 아홉 가지 불변의 법칙은 구성원들을 춤추게 하는 리더십이 될 수 있을 것이다.

성균 실천 리더십의 현장

1) 성균 선배의 실천을 배우다:
정암 조광조(趙光祖, 1482~1519)

'한국 도학의 태산북두(泰山北斗)'인 정암 조광조! 그는 김굉필(金宏弼)·정여창(鄭汝昌)·이언적(李彦迪)·이황(李滉)과 함께 '동방5현'으로 불린다. 정암이 꿈꾼 세상은 백성을 근본으로 하는 유교의 이상정치가 현실에서 실현되는 사회로, 이 세상이 하늘의 뜻이 실현되는 이상세계가 되는 것이었다. 그를 위해 요순시대의 이상정치를 실현하여 국가질서를 수립하려 했다. 하지만 성급한 실행으로 정암의 개혁은 실패하고 만다. 그러나 그의 도학정신은 퇴계 이황(李滉)과 이이(李珥) 등에게 영향을 주었고, 사림(士林)에게는 정신적 표상이 되었으며, 한국 유학의 성격을 형성하는 기틀이 되었다.

조광조는 조선 중종 때의 성리학자이며 정치가이다. 자는 효직(孝直), 호는 정암(靜庵), 시호는 문정(文正)이다. 서울 출신으로 김굉필(金宏弼)의 문인이며, 김안국(金安國)·김정국(金正國) 등과 교유했다. 도학정치를 통해 현실에서 내성외왕(內聖外王)의 왕도정치를 실현하여 이상적이며 완성된 세계를 이루고자 했으나 훈구세력의 반발로 죽음을 당했다. 인종 원년에 복권되었고, 선조 대에 영의정에 추증되었다. 광해군 2년인 1610년에 문묘에 배향되었으며, 능주 죽수서원(竹樹書院)·양주 도봉서원(道峰書院·兩賢司) 등에 제향되었고, 저서로 『정암집(靜庵集)』이 있다.

정암은 17세 때 어천찰방(魚川察訪)으로 부임하는 아버지를 따라가 평안도 희천(熙川)에 귀양 가 있던 김굉필을 만났다. 소학동자라고 불릴 만큼 『소학』을 중시하던 스승의 영향을 받아, 정암 역시 『소학』과 『근사록』을 중시하고 이를 경전 연구에 응용했다. 이후 김굉필 문하의 가장 촉망받는 학자로서 사림파의 영수(領袖)가 되었다.

1510년(중종 5년)에 진사시에 차상으로 합격하고, 5년 후 추천으로 조지서 사지(造紙署 司紙)에 임명되었지만, 떳떳하게 벼슬에 오르고자 알성시(謁聖試)에 응시하여 문과에 급제했다. 호조를 비롯해 성균관의 전적(田籍)을 거쳐, 사간원 정언(正言)·교리(敎理)·응교(應敎)·승지(承旨)를 지냈고, 사헌부 감찰 등을 역임하면서 왕의 신임과 총애를 얻었다.

1518년 부제학이 되어서는 미신 타파를 내세워 궁궐 안에 있던 소격서(昭格署)를 폐지했고, 대사헌으로 있으면서 현량과(賢良科)를 실시했다. 현량과란 학문과 인품이 뛰어난 사람을 천거하여 등용하는 제도이다. 당시 과거제도로는 개개인의 인품과 덕행을 판단할 수 없었기에 이러한 폐단을 방지하고 인격을 갖춘 인재를 등용하기 위한 장치였다. 이는 훈구파의 반대에 부딪쳤지만 중종의 지원으로 1519년에 본격적으로 실시되었다. 성품·기국·재능·학식·행실과 행적·지조·생활태도와 현실 대응 등 일곱 항목을 근거로 후보자를 추천하여 왕이 참석한 자리에서 시험을 거쳐 등용했다.

그런가 하면 신진사류(新進士類)를 등용하여 오래된 폐단을 개혁했다. 전통적인 인습과 구태의연한 제도를 혁파하고 궁중여악을 폐지했으며 내수사의 고리대금업을 중지시켰다. 또한 성리학적 윤리질서와 통치질서를 세우기 위해 주자의 '가례'와 '삼강행실'을 보급하고, 소학 교육을 장려하여 유교사회의 질서를 세우고자 했다. 그와 함께 향촌의 상호부조와 서민의 복리증진을 위해 여씨향약(呂氏鄕約)을 도입하여 실시했고, 민중들에게 필요한 서적을 인쇄하여 널리 전했다. 향약을 통해 유학적 도덕관의 실천과 도학적 생활을 몸에 익힘으로써 모든 백성을 성리학적 규범으로 교화시켜 왕도정치를 이루고자 한 것이다.

정암은 성리학에 의거한 철인 군주시대를 꿈꾸었다. 그를 위해 정국공신(靖國功臣)들의 특혜를 깎아내리고, 남곤(南袞)을 비롯한 훈구관료(勳舊官僚)들을 제거하고자 위훈삭제(僞勳削除)를 주장했다. 이것이 기묘사화(己卯士禍)의 원인이 되어 정암은 능주(陵州)에 유배되어 죽임을 당했다.

정암은 "임금은 하늘과 같고 백성은 사계절과 같다", "임금과 신하는 백성에서 비롯된 것이니, 백성의 마음으로 마음을 삼아 다스리면 요순의 다스림을 이룰 수 있다"라고 하여 백성을 위한 정치를 주장했다. 그것을 위해 왕을 비롯해 관직에 있는 자들의 실천궁행(實踐躬行)을 주장했는데, 이것을 지치주의(至治主義) 혹은 도학정치라고 한다. 『서경(書經)』「주서·군진」편의 "지치형향 감우신명(至治馨香 感于神明)"에서 유래하는 '지치'는 "잘 다스려진 인간세계의 향기는 신명을 감명시킨다"라는 뜻이다. 즉 하늘의 뜻이 이 땅에 실현되는 인간세계를 목표로 한 것이다. 이는 하늘의 뜻이 인간의 일과 분리되지 않는다는 '천리불리인사(天理不離人事)'에 근거한 것으로, 정명도의 "하늘과 인간은 원래 간격이 없었다"라는 '천인무간(天人無間)'을 전제로 도출된 명제이다. 즉 수양을 통해 하늘과 하나 됨을 실천할 때 지치의 세계가 실현된다는 것이다.

정암은 지치를 실현하기 위해 무엇보다 다스림의 근본인 군주의 마음을 바로잡아야 한다고 주장했다. 군주의 마음이 바르지 않으면 교화가 행해질 수 없다는 것이다. 이는 "자신이 바르면 명령하지 않아도 따르지만, 자신이 바르지 않으면 명령하여도 따르지 않는다"[55] 라는 공자의 말씀에 근거한다. 또한 지난날의 사림의 참화를 거울삼아 임금이 격물(格物)·치지(致知)·성의(誠意)·정심(正心)의 공을 이루고, 마음을 밝혀 군자와 소인을 분별할 것을 강조했다. "반드시 해야 할 일에 분발하여 모든 사람이 함께 새롭게 개혁한 이후에 태평성대에 이르게 될 것"이라는 것이다.

그는 소통에 능했고 동지들의 신뢰가 대단했으며, 법 집행이 공정했기에 백성들의 지지와 대중적 인기를 한 몸에 받았다. 그가 유배를 당하자 한성부 향도들이 일어났고, 유생들의 구명운동 또한 대단했던 것도 그 때문이다.

정암은 '사람다움'과 근본이 지켜지는 사회를 이루고자 했다. 사람이 사람다움을 잃지 않으면 다른 사람을 가볍게 여기지 않으며 남을 배려할 줄 알게 되고, 더 나아가 생명의 가치를 존중하게 된다. 이를 통해 기본이 지켜지고 근본이 바로 서는 나라를 이룰 수 있다는 것이다.

정암 이후 많은 학자들이 정암의 뜻을 따랐다. 퇴계는 정암이 뜻을 높이 세우고 실천을 통해 나라가 나아가야 할 방향을 분명히 제시했음에도 글을 남겨 후대에 전하는 일[입언수후(立言垂後)]을 하지 못함을 아쉽게 여겼다. 또 율곡은 "여말 정몽주가 실마리를 풀고 김굉필을 거쳐 조광조가 도학을 주장하니, 성리학을 알게 된 것은 정암의 덕"이라고 하여, 그의 도학이 성리학적 담론의 핵심이 됨을 인정했다. 물론 비판도 있다. 남명은 정암의 학문과 실천에 존경을 보이면서도 출처에 대해서는 선견지명의 부족과 경험의 미숙을 비판했다.

비록 실패로 끝났지만 그의 도학정신은 선비정신으로 이어져 지금까지 면면히 내려오고 있다. 그는 역사 이래로부터 지금까지 인류가 지향한 꿈을 현실에 옮기고자 했다. 우리의 꿈을 미리 꾸었던 대선배의 꿈을 이어 우리가 현실로 만들어야 하지 않을까? 오늘 우리는 조광조의 부활을 꿈꾼다.

2) 성균 실천 리더를 만나다:
호암 이병철(李秉喆, 1910∼1987)

세계 100개 업체 중 8위의 브랜드 가치를 지닌 삼성. 삼성은 지난 10년간 무려 270%의 증가율을 나타냈으며, 2014년 6월 현재 세계 기업 250개 가운데 매출액 규모면에서 미국의 애플과 일본의 파나소닉을 제치고 1위를 차지했다. 1938년 대구에서 '삼성상회'라는 간판을 건 후 2014년 현재 76년 된 삼성은 일제강점기를 거쳐 광복과 미군정, 한국전쟁, 군부독재와 민주화, 문민정부 등 굴곡진 역사 속에서 위기와 반전을 거듭하며 숱한 위기를 기회로 전환시킴으로써 세계 속에 자리를 잡았다. 국내 최고를 꿈꾸었던 국내 기업에서 세계적인 기업의 반열에 오른 삼성. 삼성신화의 중심에는 호암 이병철이 있다. 그는 1987년 생을 마감할 때까지 기업가의 대명사로 불렸다.

이병철은 1910년 경북 의령에서 아버지 이찬우 공과 어머니 안동 권씨의 2남 2녀 중 막내로 태어났다. 천석지기의 부농에서 태어난 이병철은 5세 때 할아버지가 지은 문산정(文山亭)에서 『천자문』과 『자치통감』, 『맹자』와 『논어』를 공부했고, 10살에 지수보통학교 편입, 그 후 수송보통학교와 중동중학교를 거쳐 일본의 와세다대학에

들어갔으나 건강문제로 학교를 그만두고 고향으로 돌아왔다. 할 일 없이 지내는 그에게 아버지는 300석의 재산을 주었다. 1936년, 처음 그가 시작한 사업은 정미소였다. 정미소가 성공하자 그는 은행에서 대출을 받아 땅을 매입하였다. 하지만 중일전쟁의 여파로 빌린 돈을 갚아야 했고 정미소도 문을 닫게 되었다. 그러자 2년여 동안 중국까지 다니며 시장조사를 한 후, 1938년 대구에 삼성상회의 문을 열었다. 청과물과 건어물, 잡화 등을 취급하였다. 그때 와세다 유학시절의 친구인 이순근에게 경영 일체를 일임해 짧은 시간에 삼성상회를 성장시켰다. 무엇보다 신(信)을 중시한 그의 아버지는 "비록 손해 보는 일이 있더라도 신용을 잃어서는 안 됨"을 강조했고, 그 역시 무엇보다 신용을 중시했다. "의심하는 사람은 쓰지 않고 쓴 사람은 의심하지 말라"는 "의인물용 용인물의(疑人勿用 用人勿疑)"는 사람을 쓰는 핵심이 되었다.

쓴 사람을 믿고 맡기는 경영은 이후에도 계속되었다. 그것은 6·25전쟁 발발 후 모든 것을 잃고 내려간 대구에서 빛을 발했다. 조선양조장에서 신세를 지게 됐는데, 양조장 사장인 김재소가 3억 원이라는 거액을 주면서 다시 재기할 것을 권한 것이다. 이 돈은 삼성물산주식회사를 설립하는 초석이 되었다.

이병철은 『대학』의 '수신제가치국평천하(修身齊家治國平天下)'를 자신의 인생관으로 삼았고, "말에는 반드시 믿음이 있어야 하고 행동에는 반드시 결과가 있어야 한다"라는 "언필신 행필과(言必信 行必果)"를 인간관계의 요체로 삼았다. 그는 자신이 가장 중시하고 영향을 받은 책이 『논어』임을 자부했다.

> "가장 감명을 받은 책, 혹은 좌우에 두는 책을 들라면 나는 서슴지 않고 『논어』라고 말한다. 나라는 인간을 형성하는 데 가장 큰 영향을 끼친 책은 바로 『논어』다. 내가 관심을 갖는 것은 경영의 기술보다 그 저류에 흐르는 기본적인 생각, 인간의 마음가짐에 관한 것이다."[56]

이병철의 경영철학인 인재제일, 합리추구, 사업보국에도 유교적 가치관이 자리하고 있다. 사람을 자신처럼 여기고 인재를 중시하여 제자리에 쓰는 유학정신, 올바름을 중심에 둔 합리주의, 일에 대한 생각과 함께 나를 확장하여 이웃으로, 국가로 나아가는 사업보국의 근저에 자리 잡은 것이 바로 유학정신인 것이다.

그와 함께 기업가정신을 바탕으로 경제 발전의 씨를 뿌렸다. 당시 한국의 상황은 겨울이었고 황무지였다. 일제강점기가 끝났어도 한국에는 봄이 오지 않았다. 미군정과 6·25 전쟁, 이후의 독재정권의 집권 등이 그것이다. 하지만 한국의 기업가들은 핑계대지 않았다. 경영의 아버지로 불리는 피터 드러커는 "기업가정신의 1등은 한국"이라고 했을 만큼 한국의 도전정신은 세계를 놀라게 했다. 그런 점에서 한국 경제 발전의 주역인 창업주들에게는 '개척의 DNA'가 있었다 하겠다.

기업가의 상징인 만큼 이병철에게는 많은 수식어가 붙는다. 미래를 내다본 리더였으며, 위기를 기회로 만든 혁신가였고, 인재양성에 혼신의 힘을 다한 교육가였다. 이병철은 매년 신년을 일본에서 보내면서 세계 동향과 미래를 파악했고, 그것을 사업과 연결시켰다. 삼성은 이러한 창업주의 노력을 바탕으로 한국 안에 삼성의 자리를 확고히 했고, 세계로까지 나아갈 수 있었다. 83년에 있었던 반도체 산업진출의 결정은 삼성뿐 아니라 우리 경제의 질을 바꾼 위대한 결단이었다. 하지만 당시에는 부정적인 견해가 훨씬 많았다. 많은 사람들이 삼성이 망할 것임을 예측했다. 그럼에도 꿋꿋이 밀고 나간 것은 가능성에 대한 믿음이요 미래를 내다보는 안목이었다.

이병철은 1955년 무렵부터 '호암(湖巖)'을 아호로 사용했다. "호수처럼 맑은 물을 잔잔하게 가득 담고 있으면서도 큰 바위처럼 흔들리지 않는다"라는 의미로, 전용순 전 상공회의소 회장의 권유에 따른 것이다. 호암처럼 그는 맑은 물을 잔잔하게 담고 있으면서도 바위처럼 흔들림 없이 미래를 향해 나아갔다.

사업을 하면서 그가 중시한 것은 사람이었다. 맹자는 "현자를 높이고 재능 있는 자를 부려서 준걸들이 높은 자리에 있으면 천하의 선비들이 모두 기뻐하여 그 조정에 서기를 원할 것"[57]이라 하여 적재적소에 합당한 인재등용이 천하의 선비를 부르는 길임을 제시했다. 맹자의 말처럼 호암은 '사람이 곧 기업'임을 내세워 인재를 얻는 데 심혈을 기울였다. "일생의 계획은 사람을 기르는 것만한 것이 없다", "내 일생의 80%는 인재를 모으고 교육시키는 데 시간을 보냈다"라는 그의 자부심처럼 삼성은 인재사관학교로 불린다. 인재를 얻기 위해 우리나라 최초로 사원공채를 시행했고, 당시 관습이었던 친인척 등용을 배제했다. 학력이 아닌 실력을 중시했고, 권한을 부여해 능력을 펼칠 수 있도록 했으며 인재풀을 넓혔다. 호암을 '용인의 달인' 혹은 '용인의 귀재'라고 하는 것도 이 때문이다. 최고의 인재가 제 역할을 한다는 그의 신념은 사람을 알아보고[知人] 합당한 사람을 적재적소에 등용하여[用人] 백성들의 삶뿐 아니라 세상을 이롭게 할 수 있고[安人], 그를 통해 사람을 얻는다[得人]는 유학의 이상과 부합된다.

"쓰면 눈에 가득 인재지만, 버리면 땅에 가득 쓰레기다"라는 중국의 격언은 인재를 분별하는 리더의 몫을 말한다. 오랜 세월 국내 최고의 기업에서 세계적인 기업으로 부상한 삼성의 힘은 이처럼 인재를 알아보고 쓰고 얻는 데서 비롯되었다 해도 과언이 아니다.

기업가였지만 무엇보다 사람을 중시했기에 그는 갔지만 그의 꿈은 현실이 되어 세계 속에 삼성을 심었다. 그 바탕에 유학 정신이 있다.

5

실천 리더십의 현대적 적용:
리더십역량 개발

실천의 리더십을 강화하기 위한 현대적 접근방법으로는 리더십
역량 개발을 들 수 있다. 리더십역량에는 다양한 요소들이 포함되는
데, 가장 널리 포함되고 있는 요소로서 커뮤니케이션역량, 동기부여
역량, 의사결정역량, 갈등관리역량을 제시할 수 있다.

1) 커뮤니케이션역량

커뮤니케이션은 개인 간 혹은 집단 간에 정보를 교환하거나 의미
를 전달하는 과정으로 정의할 수 있다. 커뮤니케이션이 중요한 이유
로는 커뮤니케이션이 효과적인 리더십의 구성요소이며, 커뮤니케이
션을 통해 조직의 비전과 목표달성을 제시할 수 있기 때문이다. 또

한 커뮤니케이션을 통해 조직구성원들과 상호작용을 하기 때문에 커뮤니케이션이 효과적으로 잘 이루어지느냐 그렇지 않느냐는 리더십 효과성에도 직접적인 영향을 미치게 된다.

커뮤니케이션을 성공적으로 이끌기 위해서는 몇 가지 조건들을 갖추어야 한다. 첫 번째, 상호신뢰구축이다. 커뮤니케이션을 통해서 서로 간에 자신의 생각과 아이디어, 그리고 감정과 느낌을 충분히 전달하기 위해서는 상호 간의 신뢰를 구축하는 것이 중요하다. 신뢰 구축을 위해서는 여러 가지 방법이 있는데, 가장 기본적인 실천방법으로는 언행일치, 솔직함, 적절한 자기 노출을 제시할 수 있다. 타인에게 했던 말을 지키려고 하고 자신의 실제 모습과 일치시키려고 하는 노력이 여기에 포함된다. 사소한 약속이라도 지키려고 노력하며, 자신이 말한 사항들은 실천을 통해서 구현하고자 힘써야 한다. 또한 필요할 때는 자기 자신에 대해 상대방에게 적절하게 노출하여 상대방이 자신에 대해서도 충분히 알 수 있게 하는 것도 신뢰를 구축하는 데 있어서 좋은 방법이 된다. 두 번째, 적절한 자기 표현이다. 내 자신이 전달하고 싶은 바를 잘 표현하기 위해서는 커뮤니케이션 목적을 사전에 파악하고, 전달하고자 하는 메시지를 상대방의 눈높이에 맞추어서 해야 한다. 또한 적절한 커뮤니케이션 채널을 선택하고 적절한 커뮤니케이션 장소와 타이밍 선정 등이 중요하다. 구체적으로 살펴보면, 커뮤니케이션을 할 때 직접대면, 화상회의, 전화, 메신저, 이메일, 공식문서 등의 채널을 사용할 수 있는데, 정보의 양과 중요도 및 시급성 등에 따라서 적절하게 선택할 필요가 있다. 세 번

리더십, 성균에 길이 있다

째, 적극적인 경청과 적절한 피드백이다. 상대방이 이야기하려고 하는 바를 적극적으로 들으려고 노력해야 하며, 필요할 때는 긍정 혹은 부정 등의 피드백을 통해 자신이 상대방의 이야기를 잘 듣고 있다는 것을 보여주어야 한다. 그리고 정확하게 이해하지 못한 부분에 대한 체크를 통해 상호 커뮤니케이션 이해도를 높일 필요가 있다.

2) 동기부여역량

동기부여는 무엇인가를 하고자 하는 마음이 생긴 상태를 의미한다. 조직에서는 자기 자신의 역할을 하고자 하는 마음이 생겨서 관심과 노력을 기울이고 성과를 내고자 힘쓰는 적극적인 태도를 보이게 되는 상황을 의미한다. 동기부여는 자신이 맡고 있는 업무를 좋아해서 자연스럽게 이루어지는 내재적 동기부여(intrinsic motivation)와 칭찬과 승진, 그리고 보상과 같은 외부로부터 주어지는 피드백을 통해서 이루어지는 외재적 동기부여(extrinsic motivation)로 구분할 수 있다. 중요한 점은 내재적 동기부여든 외재적 동기부여든 동기부여가 된다는 것은 구성원들로 하여금 자기 자신이 맡은 역할을 성공적으로 달성하도록 하고, 그 결과 조직의 공동목표를 달성하는 데 있어서 기여할 수 있게 한다는 점이다. 따라서 조직의 리더에게는 부하직원들을 동기부여시킴으로써 공통목표 달성을 이끌어내도록 하는 것이 중요한 역량이 되는데, 이러한 차원에서 동기부여를 시키는 방법과 스킬(skill)을 익히는 것은 매우 중요하다고 할 수 있다.

동기부여와 관련하여 기존의 많은 학자들은 무엇이 사람들을 동기부여시키는지, 그리고 어떤 과정을 통해 사람들이 동기부여되는지 등에 대해 관심을 기울여 왔으며, 그 결과 다양한 결론들을 이끌어냈다.

대표적인 학자로서 매슬로우(Maslow), 앨더퍼(Alderfer), 맥클러랜드(McClallend), 브룸(Vroom), 애덤스(Adams), 로크(Locke) 등을 들 수 있다. 매슬로우는 사람들을 동기부여시키기 위해서는 사람들에게 결핍되어서 욕구로서 존재하고 있는 바를 파악하는 것이 중요하다고 보고 있다. 그에 따르면 사람들의 욕구는 생리적 욕구, 안전의 욕구, 소속의 욕구, 존중의 욕구, 자아실현의 욕구 5가지로 구성된다. 이러한 욕구들은 생리적 욕구가 가장 하위에 존재하며, 자아실현의 욕구가 가장 상위에 놓이게 된다. 사람들은 욕구가 생기면 그 욕구를 충족하고자 관심과 노력을 기울이게 되며, 이를 통해 욕구를 해결하게 된다. 따라서 조직 내에서 리더들은 조직구성원들이 어떠한 욕구를 현재 가지고 있는지 파악하여, 그러한 욕구를 충족시켜줄 수 있는 방법들을 제시할 수 있어야 효과적으로 동기부여를 시켜줄 수 있게 된다. 그 외에 앨더퍼는 사람들이 가지는 욕구를 존재욕구, 관계욕구, 성장욕구 3가지로 봤으며, 맥클러랜드는 친화욕구, 권력욕구, 성취욕구 3가지로 구성된다고 보았다.

한편 브룸, 애덤스, 로크 3명의 학자는 사람들이 동기부여되는 과정에 초점을 두고 연구를 하였다. 구체적으로 살펴보면, 브룸은 특정 행동을 하면 그에 따라 어떠한 결과가 주어질 것이라는 기대를 가지게 되면 동기부여된다는 기대이론(expectancy theory)을 제시하였다. 애덤스는 타인과 나를 비교해서 타인이 투입한 것에 대비해서 받는 보상의 비율과 자신이 투입한 것에 대비해서 받는 보상이 같은 상황, 즉 공정성이 유지된 상황에서 가장 동기부여된다는 공정성이론(equity theory)을 주장했다. 마지막으로 로크는 목표가 적절하게 잘 설정이 되면 사람들은 동기부여된다는 목표설정이론(goal-setting theory)을 제시하였다. 이때 목표는 어느 정도 실현가능성이 있고 적당히 어려울 때 더욱 유효하며, 목표설정 과정에 당사자를 참여시켰을 때 훨씬 더 동기부여가 잘 된다는 사실을 알아냈다.

따라서 리더로서 리더십을 성공적으로 발휘하기 위해서는 이러한 기존의 동기부여이론에서 제시한 바들을 바탕으로 하여, 부하직원들이 동기부여될 수 있도록 다양한 동기부여 방법들을 활용해야 한다. 구체적으로 부하직원들이 어떠한 욕구를 가지고 있는지를 관찰과 대화를 통해서 파악을 하고 있어야 하며, 적절한 목표설정을 해주고 공정성을 유지하며, 업무에서 유의미한 기대를 가질 수 있도록 하는 것이 필요하다.

3) 의사결정역량

리더들은 조직 내에서 여러 가지 대안들 중에서 최적의 대안을 선택해야 하는 의사결정 상황에 끊임없이 놓이게 된다. 조직 내에서 중요한 의사결정은 궁극적으로 리더들이 하게 되는 경우가 많으며, 조직구성원들 역시 최종적인 의사결정은 리더들에게 의존하게 된다. 따라서 의사결정을 얼마만큼 효과적으로 잘하느냐는 리더십을 얼마만큼 발휘하게 되느냐와도 일맥상통한다. 의사결정의 상황에 다다를 때마다 리더들은 가장 좋은 결과를 이끌어낼 수 있는 대안들을 모색하고 선택해야 하는데, 이 경우 의사결정을 잘해내고 성공적인 결과를 이끌어내는 것이 리더십 실천에 있어서 중요한 요소가 된다.

의사결정을 합리적으로 잘하기 위해서는 해결해야 할 이슈와 문제에 대한 정확한 인식을 해야 하며 의사결정의 목적을 확인해야 한다. 그리고 필요한 데이터를 수집하고 평가하며 상황진단을 해야 하며, 이를 통해 실현가능성이 높은 대안들을 제시하고, 이러한 대안들 중에서 가장 우수한 대안을 선정해서 의사결정을 내려야 한다. 또한 향후 의사결정 결과에 대한 피드백과 그에 따라 후속과정을 진행해야 한다. 자신의 순간적인 감정이나 편향에 의존하기보다는 좀더 합리적이고 체계적인 분석을 바탕으로 한 의사결정을 하기 위한 노력을 하는 것도 매우 중요하다.

효과적인 의사결정을 하기 위해서 리더들은 다양한 방법들을 활용할 수 있다. 복잡하고 불확실한 경영환경에서 자기 자신의 다양한 경험과 노하우, 그리고 자신만의 통찰력을 활용해서 의사결정을 할 수도 있다. 또한 조직구성원들을 의사결정에 참여시킴으로써 의사결정의 질을 제고하고, 조직구성원들의 참여도와 만족도 역시 높일 수 있다. 뿐만 아니라 브레인스토밍, 명목집단기법, 델파이기법, 지명반론자법, 변증법적 기법 등의 다양한 집단의사결정 기법들을 활용하여 의사결정을 더욱 더 성공적으로 이끌어낼 수도 있어야 한다.

한편 리더의 의사결정은 업무의 중요도와 긴급성 여부, 그리고 의사결정 결과의 파급범위 등을 고려해서 자신이 직접 처리하는 것이 나을지, 아니면 조직구성원들과 함께 결정하는 것이 나을지 등도 고려해야 한다. 그리고 기존의 방식에 준해서 의사결정을 하는 것이 효과적인지, 아니면 새로운 방식들을 활용해서 의사결정을 해야 할지에 대해서도 고민해봐야 한다.

4) 갈등관리역량

조직을 이끌고 나가다보면 조직구성원들의 다양성과 이해관계 등으로 인하여 많은 갈등 상황들이 전개된다. 내 자신의 내면의 갈등, 리더와 조직구성원 간의 갈등, 동료들 간의 갈등, 타 부서와의 갈등 등 다양한 유형의 갈등이 발생한다. 갈등은 여러 사람들이 함께 업무를 진행하다보면 필연적으로 발생하게 되는데, 이러한 갈등들을 어떻게 관리하느냐에 따라 성공적인 결과를 유도할 수도 있고 결과를 그르치게 할 수도 있다.

일반적으로 갈등은 적절한 수준으로 유지되었을 때 조직성과에 긍정적인 영향을 미친다. 갈등을 순기능적인 측면에서 잘 활용한다면, 리더는 조직을 혁신적으로 만들 수 있고 더욱 생동감이 넘치게 유지할 수 있다. 따라서 갈등을 회피하거나 갈등을 지나치게 조장하기보다는 적절한 수준에서 관리하는 것이 중요하다.

리더가 조직 내 갈등 수위를 조절하고 효과적으로 관리하기 위해서는 조직 내 갈등의 원인들에 대한 이해가 필요하며, 해결방법에 대한 스킬을 가지고 있어야 한다. 조직 내 갈등을 유발하는 대표적인 원인으로는 업무의 상호의존성, 책임의 불명확성, 목표 차이, 감정 상태, 가치관의 차이, 문화의 차이, 커뮤니케이션의 장애 등이 있다. 조직구성원들이 수행하는 업무들이 상호의존성이 높을수록 갈등 발생 빈도가 높아지며, 책임이 불명확할수록 갈등 발생 가능성이 더욱 높아진다. 또한 목표 차이가 발생할 때나 감정 상태가 부정적이고 안정적이지 않을 때, 그리고 가치관과 문화의 차이가 극명할 때나 커뮤니케이션이 원활하지 않을 때 갈등은 발생하게 된다.

이러한 갈등들이 존재할 때 리더들은 갈등을 해결하기 위한 다양한 방법들을 활용할 수 있는데, 조직구성원들 간의 부정적인 상호작용을 제거하고 팀빌딩을 수행하며 팀워크를 다지는 노력을 해야 한다. 또한 친목을 도모하고 좋은 관계 형성을 이루어내도록 해야 하며, 의견 차이를 해결하기 위한 절차와 행동원칙을 제안해야 한다. 뿐만 아니라 문제해결을 촉진하는 절차를 제안하고, 논쟁 당사자들 간의 의사소통을 위한 수단을 만들어줘야 한다.

｜참고 문헌｜

- 『大學』,『中庸』,『論語』,『孟子』,『書經』,『孝經』,『樂書』,『荀子』,『道德經』,『擊蒙
  要訣』,『牧民心書』,『退溪全書』,『栗谷全書』

- 심윤종 · 유홍준 · 박승희 · 정태인,『산업사회학』(경문사, 2001)

- 유민봉,『나를 찾아가는 자기경영』(미래경영개발연구원, 2003)

- 유홍준,『조직사회학』(성균관대학교출판부, 2014)

- 조성환,『성격: 성격! 뭐, 내가 다 아니까 중요하지 않다고? MBTI와 Jung 심리
  학』(한림미디어, 2002)

- 금장태,『한국유교의 과제(서울대학교 한국학 연구총서 6)』(서울대학교출판부,
  2004)

- 김창숙,『심산유고』「벽옹칠십년회상기」(국사편찬위원회, 1973)

- 이병철,『호암자전』(중앙일보사, 1986)

- 권경자,『유학, 경영에 답하다』(원앤원북스, 2010)

- 권경자,『자본주의 4.0시대의 유학리더십』(원앤원북스, 2012)

- 돈 리처드 리소 지음/주혜명 옮김,『에니어그램의 지혜』(한문화, 2000)

- 워렌 베니스 · 버트 나누스 지음/김원석 옮김,『리더와 리더십』(황금부엉이,
  2007)

- 켄 블랜차드 외 지음 / 조천제 외 옮김,『상황대응 리더십Ⅱ 바이블』(21세기북
  스, 2007)

- Bass, B. M. (1960). Leadership, psychology, and organizational behavior. New York: Harper.
- Bass, B. M. (1985). Leadership and performance beyond expectations. New York: Free Press.
- D. McGregor. (1960). The Human Side of Enterprise. NY: McGraw-Hill.
- W. Bennis. (1959). "Leadership Theory and Administrative Behavior". Administrative Science Quarterly. 4.
- 유민봉, 〈자기진단을 통한 Self-leadership〉(2008), 성균관대학교 수업교재
- 유민봉, 〈다중지능이론〉(2008), 성균관대학교 수업교재
- 한국철학사전교재편찬위원회, 『한국철학사전』(동방의빛, 2011)
- 네이버캐스트 http://navercast.naver.com
- 위키백과 http://ko.wikipedia.org
- 브리태니커 백과사전 http://100.daum.net
- 문화재청 http://blog.daum.net/munhwajaecheong
- EBS 지식채널e http://home.ebs.co.kr
- (주)한국MBTI연구소 http://www.mbti.co.kr

제1강: 수기(修己)+치인(治人)의 성균 리더십

1) 『樂書』권39「周禮訓義」: 成均, 所以成人材之虧, 均其過不及而已矣.

2) 『여유당전서』제1권, 『목민심서』「서」: 君子之學, 修身爲半, 其半牧民也.

3) 이 부분은 유홍준, 『조직사회학』(성균관대학교출판부, 2014), 74-85쪽에서 정리한 것임.

4) W. Bennis. (1959). "Leadership Theory and Administrative Behavior". Administrative Science Quarterly. 4: 259-301.

5) 심윤종 · 유홍준 · 박승희 · 정태인, 『산업사회학』(경문사, 2001) 114쪽에서 재인용.

6) D. McGregor. (1960). The Human Side of Enterprise. NY: McGraw-Hill.

7) E. A. Locke, S. Kirkpatrick, J. Schneider, K. Niles, H. Goldstein, K. Welsh, & D. Chah (1991). The essence of leadership : The four keys to leading successfully. Lexington Books, New York.

8) B. M. Bass (1985). Leadership and performance beyond expectations. New York : Free Press.

9) B. M. Bass (1985). Leadership and performance beyond expectations. New York : Free Press.

10) D. A. Waldman, G. G. Ramirez, R. J. House, & P. Puranam (2001). "Does leadership matter? CEO leadership attributes and profitability under condition of perceived environmental uncertainty". Academy of Management Journal, 44 : 134-143.

11) D. A. Waldman, G. G. Ramirez, R. J. House, & P. Puranam (2001). "Does leadership matter? CEO leadership attributes and profitability under condition of perceived environmental uncertainty". Academy of Management Journal, 44 : 134-143.

12) R. K. Greenleaf (1977). Servant leadership : A journey into the nature of legitimate power and greatness. New York : Paulist Press.

13) L. C. Spears (1995). Insight on leadership : Service, stewardship, spirit and servant leadership. New York : John Willey & Sons, Inc.

14) H. P. Sims, & C. C. Manz (1996). Company of heroes : Unleashing the power of self-leadership. New York : Wiley.

15) R. D. Ireland & M. A. Hitt (1999). "Achieving and maintaining strategic competitiveness in the 21st century : The role of strategic leadership". Academy of Management Executive, 13 : 43-57.

16) G. B. Graen, & M. Uhl-Bien (1995). "Relationship-based approach to leadership : Development of leader-member exchange (LMX) theory of leadership over 25 years : Applying a multi-level multi-domain perspective. The Leadership Quarterly, 6 : 219-247.

17) M. E. Brown, L. K. Treviño, & D. A. Harrison (2005). "Ethical leadership : A social learning perspective for construct development and testing". Organizational Behavior and Human Decision Processes, 97(2) : 117-134

18) D. Goleman, R. E. Boyatzis, & A. McKee (2002). Primal leadership : Realizing the power of emotional intelligence. Boston : Harvard Business School Press.

19) A. Srivastava, K. M. Bartol, & E. A. Locke (2006). "Empowering leadership in management teams : Effects on knowledge sharing, efficacy, and performance". Academy of Management Journal, 49(6) : 1239-1251.

20) 『대학』경1장 : 大學之道, 在明明德, 在新民, 在止於至善.

21) 『중용장구』2장 : 中庸者, 不偏不倚, 無過不及而平常之理.

22) 『중용장구』小注 : 朱子曰, 時中, 只是說簡做得恰好底事.

23) 켄 블랜차드 외 지음/조천제 외 옮김, 『상황대응 리더십Ⅱ 바이블』(서울:21세기북스, 2007), 141쪽.

24) 『논어』「안연」: 子貢問政. 子曰, "足食, 足兵, 民信之矣." 子貢曰, "必不得已而去, 於斯三者何先?" 曰, "去兵." 子貢曰, "必不得已而去, 於斯二者何先?" 曰, "去食. 自古皆有死, 民無信不立."

25) 『논어』「자장」: 子夏曰, "君子信而後勞其民, 未信, 則以爲厲己也. 信而後諫, 未信, 則以爲謗己也."

26) 『맹자』「양혜왕 하」: 今王田獵於此, 百姓聞王, 車馬之音, 見羽旄之美, 擧欣欣然有喜色而相告曰, 吾王, 庶幾無疾病與, 何以能田獵也? 此無他, 與民同樂也. 今王, 與百姓同樂, 則王矣.

27) 『맹자』「공손추 하」: 天時不如地利, 地利不如人和.

28) B. M. Bass (1985). Leadership and performance beyond expectations. New York : Free Press.

29) 『중용』20장: 誠者, 天之道也, 誠之者, 人之道也. … 誠之者, 擇善而固執之者也.

30) 『중용장구』20장: 誠者, 眞實無妄之謂.

31) 『중용』20장: 博學之, 審問之, 愼思之, 明辨之, 篤行之.

32) 『중용』20장: 人一能之, 己百之, 人十能之, 己千之.

33) 『맹자』「이루 상」: 至誠而不動者, 未之有也. 不誠, 未有能動者也.

34) 『대학』전6장: 小人閒居, 爲不善, 無所不至, 見君子而后, 厭然揜其不善, 而著其善. 人之視己, 如見其肺肝然, 則何益矣? 此謂誠於中, 形於外. 故君子, 必愼其獨也.

35) 『대학』전6장: 曾子曰, 十目所視, 十手所指, 其嚴乎!

36) 『중용』32장: 唯天下至誠, 爲能經綸天下之大經, 立天下之大本.

37) 『도덕경』제15장: 與兮若冬涉川, 猶兮若畏四隣.

38) 『여유당전서』(1), 권14, 23-24 '跋顧亭林生員論', "余所望則有地, 使通一國而爲兩班, 卽通一國而無兩班矣.", 금장태, 『한국유교의 과제』(서울대학교출판부, 2004), 134쪽, 재인용.

39) 「원목」: 牧爲民有也.

40) 『논어』「위령공」: 子曰, "無爲而治者, 其舜也與, 夫何爲哉. 恭己正南面而已矣."

41) 금장태, 『한국유교의 과제(서울대학교 한국학 연구총서 6)』(서울대학교출판부, 2004), 134쪽.

42) 『목민심서』「부임육조 · 치장」: 衾枕袍繭之外, 能載書一車, 淸士之裝也.

43) 김창숙, 『심산유고』「벽옹칠십년회상기」(국사편찬위원회, 1973), 301쪽.

44) 『맹자』「양혜왕 상」: 孟子見梁惠王. 王曰, "叟不遠千里而來, 亦將有以利吾國乎." 孟子對曰, "王何必曰利, 亦有仁義而已矣."

45) 『중용』23장: 其次, 致曲, 曲能有誠, 誠則形, 形則著, 著則明, 明則動, 動則變, 變則化, 唯天下至誠, 爲能化.

1) 『논어』「위정」: 溫故而知新, 可以爲師矣.

2) 워렌 베니스 · 버트 나누스 지음 / 김원석 옮김, 『리더와 리더십』(서울 : 황금부엉이, 2007), 217쪽.

3) 『논어』「술이」: 子曰, "我非生而知之者, 好古敏以求之者也."

4) 『대학』전2장 : 苟日新, 日日新, 又日新.

5) 『중용』20장 : 人一能之, 己百之, 人十能之, 己千之.

6) 『맹자』「이루 하」: 孟子曰, 原泉混混, 不舍晝夜, 盈科而後進, 放乎四海.

7) 워렌 베니스 · 버트 나누스 지음 / 김원석 옮김, 앞의 책(2007), 217쪽.

8) 『논어』「술이」: 子曰 "我非生而知之者, 好古敏以求之者也."

9) 『논어』「공야장」: 子曰, "十室之邑, 必有忠信如丘者焉, 不如丘之好學也."

10) 『사기』「공자세가」: 韋編三絶.

11) 『논어』「술이」: 發憤忘食.

12) 『논어』「술이」: 子曰, "三人行, 必有我師焉."

13) 『논어』「옹야」: 一簞食, 一瓢飮, 在陋巷, 人不堪其憂, 回也, 不改其樂.

14) 『논어』「위정」: 退而省其私, 亦足以發.

15) 『논어』「공야장」: 聞一以知十.

16) 『논어』「옹야」: 不遷怒, 不貳過.

17) 『논어』「옹야」: 回也, 其心, 三月不違仁.

18) 『논어』「공야장」: 子貢問曰, "孔文子何以謂之文也?" 子曰, "敏而好學, 不恥下問, 是以謂之文也."

19) 『논어』「술이」: 子曰, "自行束脩以上, 吾未嘗無誨焉."

20) 『논어』「위령공」: 子曰, "有教無類."

21) 『논어』「술이」: 子曰, "黙而識之, 學而不厭, 誨人不倦, 何有於我哉?"

22) 『논어』「술이」: 子曰 "女奚不曰, 其爲人也, 發憤忘食, 樂以忘憂, 不知老之將至云爾?"

23) 『중용』20장 : 人一能之, 己百之, 人十能之, 己千之.

24) 『중용』6장 : 子曰, "舜其大知也與. 舜好問而好察邇言, 隱惡而揚善, 執其兩端, 用其中於民, 其斯以爲舜乎!"

25) 『대학』전7장 : 所謂, 修身在, 正其心者, 身有所忿懥, 則不得其正, 有所恐懼, 則不得其正, 有所好樂, 則不得其正, 有所憂患, 則不得其正.

26) 『대학』전7장 : 心不在焉, 視而不見, 聽而不聞, 食而不知其味.

27) 『대학』전6장 : 所謂誠其意者, 毋自欺也. 如惡惡臭, 如好好色, 此之謂自謙. 故君子, 必愼其獨也.

28) 『대학』전6장 : 小人閒居, 爲不善, 無所不至, 見君子而后, 厭然揜其不善, 而著其善. 人之視己, 如見其肺肝然, 則何益矣? 此謂誠於中, 形於外. 故君子, 必愼其獨也.

29) 『대학』전6장 : 曾子曰, 十目所視, 十手所指, 其嚴乎!

30) 『논어』「옹야」: "有澹臺滅明者, 行不由徑, 非公事, 未嘗至於偃之室也."

31) 『율곡전서』권15「동호문답」: "夫所謂眞儒者, 進則行道於一時, 使斯民有熙皞之樂, 退則垂敎於萬世, 使學者得大寐醒."

32) 유민봉, 〈자기진단을 통한 Self-leadership〉(2008), 성균관대학교 수업교재.

33) 이하 내용은 유민봉, 〈다중지능이론〉(2008), 성균관대학교 수업교재로부터 인용함.

34) Walter Mckenzie, http://www.surfaquarium.com/mi.htm

제3강 : 배려(仁)의 리더십

1) 『대학』전7장 : 心不在焉, 視而不見, 聽而不聞, 食而不知其味.

2) 『논어』「팔일」: 繪事後素.

3) 『논어』「자한」: 過則勿憚改.

4) 『논어』「옹야」: 孔子對曰, "有顔回者好學, 不遷怒, 不貳過. 不幸短命死矣, 今也則亡, 未聞好學者也."

5) 『격몽요결』「접인장」: 人有毁謗我者, 則必反而自省, 若我實有可毁之行, 則自責內訟, 不憚改過. 若我過甚微而增衍附益, 則彼言雖過, 而我實有受謗之苗脈, 亦當剗鋤前愆, 不留毫末.

6) 『대학』전10장 : 君子有絜矩之道也.

7) Gary Yukl 지음/이상욱 옮김,『현대조직의 리더십 이론』(서울:시그마프레스, 2006), 10쪽.

8) B. M. Bass (1960). Leadership, psychology, and organizational behavior. New York: Harper.

9) 『논어』「리인」: 子曰, "參乎! 吾道一以貫之." 曾子曰, "唯." 子出, 門人間曰, "何謂也?" 曾子曰, "夫子之道, 忠恕而已矣."

10) 『논어』「위령공」: 子貢問曰, "有一言而可以終身行之者乎?" 子曰, "其恕乎! 己所不欲, 勿施於人."

11) Gary Yukl 지음 / 이상욱 옮김, 앞의 책(2006), 64-65쪽.

12) 『논어』「위령공」: 夫仁者, 己欲立而立人, 己欲達而達人.

13) 『퇴계전서』 권28 「답김돈서」: "敬者, 徹頭徹尾, 苟能知持敬之方, 則理明而心定. 以之格物, 則物不能逃吾之鑑, 以之應事, 則事不能爲心之累."

14) 조성환, 『성격 : 성격! 뭐, 내가 다 아니까 중요하지 않다고? MBTI와 Jung 심리학』(한림미디어, 2002), 2장에서 재인용.

15) 유민봉, 〈자기진단을 통한 Self-leadership(2008)〉, 성균관대학교 수업교재.

제4강 : 실천(勇)의 리더십

1) 『중용』 20장 : 知恥, 近乎勇.

2) M. E. Brown, L. K. Treviño, & D. A. Harrison (2005). "Ethical leadership : A social learning perspective for construct development and testing". Organizational Behavior and Human Decision Processes, 97(2) : 117-134

3) 『대학』 전10장 : 民之所好, 好之, 民之所惡, 惡之, 此之謂民之父母.

4) 『논어』「안연」: 季康子問政於孔子. 孔子對曰, "政者, 正也. 子帥以正, 孰敢不正?"

5) 『논어』「안연」: 季康子患盜, 問於孔子. 孔子對曰, "苟子之不欲, 雖賞之不竊."

6) 『논어』「자로」: 葉公問政. 子曰, "近者說, 遠者來."

7) 『서경』「우서·고요모」: 皋陶曰, 寬而栗, 柔而立, 愿而恭, 亂而敬, 擾而毅, 直而溫, 簡而廉, 剛而塞, 彊而義.

8) 『중용』 20장 : 哀公問政. 子曰, 文武之政, 布在方策, 其人存, 則其政舉, 其人亡, 則其政息.

9) 『중용』 20장 : 凡爲天下國家, 有九經, 曰, 修身也, 尊賢也, 親親也, 敬大臣也, 體群臣也, 子庶民也, 來百工也, 柔遠人也, 懷諸侯也.

10) 『논어』「안연」: 子貢問政. 子曰, "足食, 足兵, 民信之矣." 子貢曰, "必不得已而去, 於斯三者何先?" 曰, "去兵." 子貢曰, "必不得已而去, 於斯二者何先?" 曰, "去食. 自古皆有

死, 民無信不立."

11) 『논어』「자로」: 子曰, "其身正, 不令而行, 其身不正, 雖令不從."

12) 『맹자』「진심 하」: 孟子曰, "身不行道, 不行於妻子."

13) 『맹자』「진심 상」: 修身見於世, 窮則獨善其身, 達則兼善天下.

14) 『대학』 전2장: 湯之盤銘曰 "苟日新, 日日新, 又日新."

15) 『논어』「위정」: 子曰, "爲政以德, 譬如北辰, 居其所而衆星共之."

16) 『맹자』「공손추 상」: 孟子曰, "尊賢使能, 俊傑在位, 則天下之士, 皆悅而願立於其朝矣."

17) 『논어』「안연」: 樊遲問仁. 子曰, "愛人." 問知. 子曰, "知人." 樊遲未達. 子曰, "舉直錯諸枉, 能使枉者直." 樊遲退, 見子夏曰, "鄕也吾見於夫子而問知, 子曰, '舉直錯諸枉, 能使枉者直', 何謂也?" 子夏曰, "富哉言乎! 舜有天下, 選於衆, 舉皐陶, 不仁者遠矣. 湯有天下, 選於衆, 舉伊尹, 不仁者遠矣."

18) 『맹자』「진심 상」: 親親, 仁也, 敬長, 義也, 無他, 達之天下也.

19) 『중용』 20장: 仁者人也, 親親爲大.

20) 『맹자』「양혜왕 상」: 老吾老, 以及人之老, 幼吾幼, 以及人之幼, 天下可運於掌.

21) 『논어』「위정」: 孟懿子問孝. 子曰, "無違." 樊遲御, 子告之曰, "孟孫問孝於我, 我對曰, 無違." 樊遲曰, "何謂也?" 子曰, "生事之以禮, 死葬之以禮, 祭之以禮."

22) 『논어』「학이」: 子曰, "父在觀其志, 父沒觀其行, 三年無改於父之道, 可謂孝矣."

23) 『논어』「위정」: 子游問孝. 子曰, "今之孝者, 是謂能養. 至於犬馬, 皆能有養, 不敬, 何以別乎?"

24) 『논어』「위정」: 子曰 "書云 孝乎. 惟孝, 友于兄弟, 施於有政' 是亦爲政."

25) 『논어』「태백」: 子曰, "君子篤於親, 則民興於仁."

26) 『맹자』「이루 상」: 孟子曰, "仁之實, 事親, 是也."

27) 『대학』 전3장: 詩云, "穆穆文王, 於緝熙敬止." 爲人君, 止於仁, 爲人臣, 止於敬, 爲人子, 止於孝, 爲人父, 止於慈, 與國人交, 止於信.

28) 『맹자』「양혜왕 상」: 詩云, 經始靈臺, 經之營之. 庶民攻之, 不日成之. 經始勿亟, 庶民子來.

29) 『효경』「간쟁」: 天子有爭臣七人, 雖無道, 不失其天下. 諸侯有爭臣五人, 雖無道, 不失其國. 大夫有爭臣三人, 雖無道, 不失其家.

30) 『논어』「선진」: 季子然問, "仲由冉求可謂大臣與?" 子曰, "吾以子爲異之問, 曾由與求之問. 所謂大臣者, 以道事君, 不可則止. 今由與求也, 可謂具臣矣."

31) 『맹자』「공손추 하」: 湯之於伊尹, 學焉而後, 臣之, 故不勞而王. 桓公之於管仲, 學焉而後臣之, 故不勞而霸.

32) 『맹자』「양혜왕 하」: 孟子見齊宣王曰, "所謂故國者, 非謂有喬木之謂也, 有世臣之謂也."

33) 『맹자』「양혜왕 상」: 王曰, "舍之, 吾不忍其觳觫若無罪而就死地. ……"曰, "是心, 足以王矣."

34) 『맹자』「양혜왕 하」: 王無親臣矣, 昔者所進, 今日不知其亡也.

35) 『맹자』「이루 하」: 孟子告齊宣王曰, "君之視臣, 如手足, 則臣視君, 如腹心, 君之視臣, 如犬馬, 則臣視君, 如國人, 君之視臣, 如土芥, 則臣視君, 如寇讎.

36) 『맹자』「진심 하」: 孟子曰, "民爲貴, 社稷次之, 君爲輕."

37) 『맹자』「진심 하」: 孟子曰, "諸侯之寶三, 土地, 人民, 政事, 寶珠玉者, 殃必及身."

38) 『순자』「애공」: 君者, 舟也 庶人者, 水也. 水則載舟, 水則覆舟.

39) 『맹자』「이루 상」: 孟子曰, "桀紂之失天下也, 失其民也, 失其民者, 失其心也."

40) 『맹자』「양혜왕 하」: 樂民之樂者, 民亦樂其樂, 憂民之憂者, 民亦憂其憂. 樂以天下, 憂以天下, 然而不王者, 未之有也.

41) 『맹자』「등문공 상」: 民之爲道也, 有恒産者, 有恒心.

42) 『서경』「우서·고요모」: 俊乂在官, 百僚師師, 百工惟時, 撫于五辰, 庶績其凝.

43) 『중용』20장: 日省月試, 旣禀稱事, 所以勸百工也.

44) 『논어』「안연」: 齊景公問政於孔子. 孔子對曰, "君君, 臣臣, 父父, 子子."

45) 『논어』「자로」: 葉公問政. 子曰, "近者說, 遠者來."

46) 『맹자』「양혜왕 하」: 老而無妻曰鰥, 老而無夫曰寡, 老而無子曰獨, 幼而無父曰孤. 此四者, 天下之窮民而無告者. 文王, 發政施仁, 必先斯四者.

47) 『중용』20장: 送往迎來, 嘉善而矜不能.

48) 『맹자』「진심 하」: 得乎丘民而爲天子, 得乎天子爲諸侯.

49) 『중용』20장: 繼絶世, 擧廢國, 治亂持危, 朝聘以時, 厚往而薄來, 所以懷諸侯也.

50) 『맹자』「양혜왕 하」: 春省耕而補不足, 秋省歛而助不給.

51) 『맹자』「고자 하」: 養老尊賢, 俊傑在位, 則有慶, 慶以地.

52) 『맹자』「진심 상」: 孟子曰, "伯夷辟紂, 居北海之濱, 聞文王作興, 曰, '盍歸乎來, 吾聞西伯, 善養老者.' 太公, 辟紂居東海之濱, 聞文王作興, 曰, '盍歸乎來, 吾聞西伯, 善養老者' 天下有善養老, 則仁人 以爲己歸矣."

53) 『중용』 20장 : 誠者, 天之道也, 誠之者, 人之道也. 誠者, 不勉而中, 不思而得, 從容中道, 聖人也. 誠之者, 擇善而固執之者也.

54) 『논어』「양화」: 恭則不侮, 寬則得衆, 信則人任焉, 敏則有功, 惠則足以使人.

55) 『논어』「자로」: 子曰, "其身正, 不令而行, 其身不正, 雖令不從."

56) 이병철, 『호암자전』(중앙일보사, 1986), 269쪽.

57) 『맹자』「공손추 상」: "尊賢使能, 俊傑在位, 則天下之士, 皆悅而願立於其朝矣."

리더십, 성균에 길이 있다

초판 1쇄 인쇄 2014년 8월 22일
초판 1쇄 발행 2014년 8월 29일

지은이 성균리더십출간위원회
펴낸이 김준영
펴낸곳 사람의 무늬 · 성균관대학교 출판부
출판부장 박광민
편　집 신철호 · 현상철 · 구남희
외주디자인 아베ㄲ
마케팅 박인봉 · 박정수
관　리 박종상 · 김지현

등록 1975년 5월 21일 제1975-9호
주소 110-745 서울특별시 종로구 성균관로 25-2
대표전화 02)760-1252~4
팩시밀리 02)762-7452
홈페이지 press.skku.edu

ISBN 979-11-5550-065-1 03320

잘못된 책은 구입한 곳에서 교환해 드립니다.